成 为
经 典

长 销 的 秘 密

[日]长冈贤明 著

王宇佳 译

SPM
南方出版传媒
广东人民出版社
·广州·

那些长盛不衰的经典产品，一定要花心思下苦功才能持续下去。

长盛不衰的经典产品，绝对不是想当然、碰巧造出的，也不是只靠漂亮的包装设计取胜的。

　　如今已经不是盲目追赶流行或以买到新款产品为荣的时代了，未来大放异彩的一定是那些经久不衰的产品。

　　下面就随我一起去探究，长久以来受到消费者喜爱的商品，背后隐藏着怎样的创意奥秘、心血结晶。

　　基于这种理念创造出来的产品，会让设计者、销售者和使用者都切实地感受到幸福。

　　这些经典的产品，汇集了设计者和制造者的智慧及独特理念。

普通消费者总是希望设计师能设计出"个性又新奇的东西"。满足了这一期望的设计师有时也会站到聚光灯下，受到消费者的追捧。可以说，设计和其衍生出的产品一直在被人们消费着。

常年从事平面设计工作且非常热爱设计的笔者，也曾梦想设计出这样的产品。这些产品会不断推出新型号，而且很重视外观设计，大多数媒体也拿这两方面做文章。但其实它们缺少了某样东西，这一点大家似乎都没有注意到。

某天，面对这些不断推出的新设计和产品，我突然产生了几个疑问。这种只是为了推出新型号的设计，真的有未来吗？那些已经诞生且一直被消费者喜爱的设计，那些经过了时间考验的设计，不正是设计的正确答案吗？对，设计业界缺少的正是"时间"这个概念。因为"长盛不衰"的产品，会让设计新产品更加举步维艰。

前面叙述的是我以前的设计理念，到了2000年，这些理念渐渐有所改变。市场的全球化反而让人们开始关心本土产业，社交平台的飞速发展使传统媒体渐渐式微。在这种人人都可以充当媒体的时代，消费者对产品的看法越来越全面，生活方式也有了翻天覆地的变化。人们渐渐远离消费型的大城市，转而开始关心那些从古代传承至今的东西。

我不想远离已经适应的都市生活，但一直想调查设计究竟是怎样一点一点改变的。后来在机缘巧合下，开始跟作家西山熏在《日经设计》杂志上合作连载《成为经典》这个专栏。当时我想证明的是"经典、长效的设计，除了表面功夫，一定还有其独特的创意理念"。如果各位设计师能意识到这一点，应该会对今后的设计有一些启发，从而提高整个日本社会的生活质量。抱着这样的想法，我开始走访那些拥有经典产品的企业。

也许是因为时代特征，现在很多关于经典长销产品的文章，关注的都是外观设计。为了探究"外观设计"之外的东西，我设定了几个概念。

第一个概念是"创造"。这些经典的长销产品究竟是怎样创造出来的，设计者是否有意将它们设计成经典长销产品？引入这个概念是为了探究那些经久不衰的产品中，是否有创造者刻意的设计理念。

第二个概念是"销售"。当然，产品就是用来销售的。那么销售的店铺是否也会采取措施，努力让一些产品变得经久不衰？他们对抢购一空的产品

和卖剩下的产品又有什么看法？长销产品有着经久不衰的特性，对于经营者来说，是非常有趣而且值得探究的东西。

第三个概念是"流行"。流行可以说是一种"外力"。它不受自己控制，也不会跟着自己的步调走。它由群体制造，而且会随着时间的推移慢慢淡去。一件产品越是追流行，当潮流散去时就越容易失去生命力。那么究竟该如何看待"跟风"这件事？如果要利用潮流或避开潮流，又该怎样做呢？现在市场上跟风的产品很多，所以这也是一个很有意思的话题。

最后一个概念是"延续"。就是说目前的产品是如何做到长盛不衰的，要做到长销需要哪些方法与理念？当然，这并不是制造方一厢情愿的事，还要考虑消费者的想法。思考如何制造出消费者一直喜爱的产品。

　　这些经典产品诞生的时间和地点各不相同，让我们一起来找找它们身上的共通点吧。这样的思考，会对将来的经济发展和我们越来越关心的"未来的制造业"的健康至关重要，这一点是毫无疑问的。

D&DEPARTMENT 总监
设计师

长冈贤明

目录

本书中的一些内容是根据发表在《日经设计》和《日经 x Trend》上的文章删改和重新编辑而成的。产品价格、销售额和登场人物的职位等基本信息没有更新，仍沿用发表时的信息。
随着社会、经济形势的改变，有些信息可能会产生变化。请各位谅解。

第 212 页摄影：山中慎太郎

SINCE
1949

040
福岡
FUKUOKA

福屋
味之明太子

光用技巧是无法设计出这种包装的，
它还蕴含着对产品味道的追求。
福屋的包装设计，
体现了这个企业的态度。

那些经典的长销产品，究竟是怎样做到经久不衰的呢？如果询问设计师，他们一定会说出一套"设计理论"。但除了设计外，肯定还有别的原因。于是，我开始就"创造""销售""流行""延续"四个方面进行采访，来分析这些长销产品是怎样产生的。值得纪念的第一次采访，我找到了博多明太子的鼻祖——福屋。创业七十年来，他们一直坚持使用最初的包装设计。

采访的过程可谓举步维艰，因为产品开发时的资料已经遗失了。不过，在跟对方沟通的过程中，我渐渐明白了其中的原因。用一句话来概括就是，"他们并没有在包装设计上花太多心思"。也就是说，他们之所以没留下设计初稿，是因为觉得没有价值。对于一直以味道取胜的福屋来说，这个设计不过是"送人用的包装纸"。它是在迫不得已的情况下，由当年的掌柜和老板娘照猫画虎设计出来的。总之，它根本就不是设计师创造的作品。到了1980年代，日本掀起了 CI（Corporate Identity，企业标识）设计潮流，有广告代理商向福屋提出"重新设计包装"的建议，但最终不了了之。因为作为追求味道的象征，原来的包装实在太深入人心，很难找出比它更棒的设计；又或者是，他们意识到这个产品根本不需要新设计。从那以后，福屋就一直使用这个绿橙相间的"f"作为包装 logo。如今，它已经不单单是包装纸了，也是福屋这个品牌的象征。

明太子是福屋费了很大心力开发出的产品，但他们却将制作方法毫无保留地传授给了想进入这个行业的竞争者。除此之外，福屋还一直赞助山笠等地的祭典活动。他们对延续当地传统文化的活动的支持，也让福屋的产品得到了更好的延续。制作方法的公开使博多明太子成了日本九州具有代表性的名产，同时对旅游业也产生了一定的影响。据说，曾有一家明太子制造商想用自己的产品申请专利，但同行们纷纷劝他"你这样做会被福屋家笑话哦"，于是他便放弃了申请。这个听起来很有情怀的小故事，已经成为博多地区广为流传的佳话。

深受人们喜爱的长销产品，从企业的商品，渐渐变成那片土地的名产，然后再由大家一起延续下去。这些经久不衰的产品也是深受人们喜爱的东西，光靠有名的设计师是无法创造出来的。

想打造一款经典产品非常不容易，其实创造和发展的过程也可以
算是一种设计了。对设计的追求没有影响对产品味道的追求，这
正是福屋长盛不衰的原因。

福屋　1948年在博多中洲创业的副食品店。创始人是川原俊夫和他的夫人千鹤子。二人年轻时曾在釜山生活过，
那里有一种令他们充满回忆的食物——一种用辣椒腌制的咸鳕鱼子，也就是明太子的前身腌明卵。为了让它更符
合日本人的口味，二人改进了制作方法，开发出了新的产品。1949年，他们开始用"味之明太子"的名字出售这款
产品，并很快在当地形成了良好的口碑。之后，福屋便作为明太子的制造商慢慢发展至今

1.比起设计，更重视"味道"和"价格"。

2.模仿进口产品的"西式"设计。

　　福屋的包装设计是由像强音符号一样的字母 f 和手写的福屋 logo 组成的。它是在 1960 年前后，由福屋创始人之一川原千鹤子和店铺掌柜烧山德重一起设计的。1987 年 2 月，趁着味之明太子重新定价的机会，福屋对它的包装进行了改版，但整体感觉跟原来没太大差别。时至今日，味之明太子一直沿用这个包装。不过，这个像强音符号的标志究竟是怎么来的，现在已经不得而知。因为对福屋来说，包装设计是次要的。

　　福屋最重视的是味道和价格。"自己侥幸从战争中死里逃生，所以不求人前显赫，更希望在背地里默默做事。"这是创始人川原俊夫先生的理念。当年他创建福屋的主要目的并不是赚钱，而是向人们出售便宜又美味的食物，来为当地做贡献。所以在这种想法下诞生的味之明太子，不需要华丽的包装。改版之前最显眼的 logo 是福屋的罗马拼音 FUKUYA，整个包装看起来有点西式的感觉。这是因为刚创业时店铺里除了干货和调味品，还有很多奶酪、饼干、可可之类的进口商品。老板娘和掌柜在进行设计时，很可能是参考了这些进口商品的包装。

❶ 改版前的包装
❷ 1987 年 2 月 1 日刊载在《朝日新闻》全国版上的广告。主要内容是告知重新定价和包装改版等事宜
❸ 福屋创始人川原俊夫。这是他创业后不久在中洲市场的店铺中拍摄的

1. 身为博多明太子的创始人，却执意不申请专利。

2. 不跟经销商合作，坚持做直营店。

3. 按照当地特色设计店铺。

　　福屋是"博多明太子"的开创者，但一直没有申请产品专利。为了保证产品便宜又美味，他们也一直坚持做直营店。当年味之明太子大受欢迎时，曾有店铺提出分销的请求。但创始人俊夫先生却劝他们"自己制作自己贩卖"，并将原料的来源和大致制作方法传授给了他们。于是越来越多的人进入这个行业，成为博多明太子的制造商。福屋没有独占明太子的配方，才让它成了整个博多地区的名产。

　　福屋的直营店主要分布在福冈县内，目前总共有 40 家。他们在做店铺设计时会参考整个街区的特色，并没有统一的风格。因为福屋认为，只有当地的街区发展起来，才能做好自己的生意。这背后隐藏的是创始人"向博多报恩"的初衷。所以他们并不想特立独行，而是想融入当地，让整个街道得到更好的发展。

　　比如太宰府店，它采用的是符合太宰府天满宫街道景观的木质结构和瓦屋顶。而位于欢乐街的中洲总店，目标是成为"照亮街道的店铺"，所以夜幕降临后，店里会一直保持灯火通明。福屋各个店铺的营业时间也不尽相同，中洲总店以前是营业到凌晨 2 点，现在则营业到晚上 12 点。

❶ 中洲市场当年的样子。福屋和糸屋招牌上都写着"味之明太子"。从这点可以看出，福屋并没有独占产品的名字和制法
❷ 拥有木质结构和瓦屋顶的太宰府店
❸ 中洲总店。它照亮了欢乐街的街道

1. 不怕被模仿。敢于尝试新鲜事物。

2. 制造潮流，而不是追赶潮流。

3. 要跟上生活的变化。

"不怕被模仿、敢于尝试"是福屋的信条。福屋从 1970 年开始尝试邮购业务，1985 年又引入了电话订购。而且他们还早早地启用了航空运输的方式。福屋也是福冈首个购入自动包装机的企业，当时他们就是依靠这个完成了大量的电话订购。当然，福屋也有过因为思想太超前而失败的例子。比如过早启用网络超市和图文电话信息网络系统。1960 年代福屋推出冷冻食品时，也因为冰箱没有普及而惨遭失败。1980 年，福屋推出了注重健康的无色素明太子，但当时没有什么销量。然而时至今日，无色素明太子反而成了主流。这种产品理念在当时很超前，放到今天却非常合适。福屋继承了创始人喜欢新鲜事物的理念，希望制造潮流而不是追赶潮流。

福屋还勇于根据人们生活方式的改变来开发新产品。装进软管里的管装明太子就是其中之一。这是为忙碌人群设计的轻便产品，它上市后销量很快达到了 105 万，成为畅销产品。这款产品的目标人群本来是年轻人，结果在中老年人群中也很受欢迎。

❶ 为纪念创始人100年诞辰而开发的新产品管装明太子

❷ 明太子金枪鱼罐头是用腌制味之明太子的汁制作的金枪鱼罐头。现在销量已经达到80万，成为畅销产品

❸ 福屋比其他企业更早尝试邮购业务

1. 随着时代发展和消费者口味的变化改变产品味道。

2. "每月拿出 100 万日元"用于试吃。

3. 支持当地的各项事业。

　　"产品的味道要随着时代发展和消费者口味的变化而改变",这也是创始人俊夫先生流传下来的一个理念。从问世到现在,福屋每年都会改进味之明太子的味道。改进时主要参考的是顾客对产品的反馈。福屋在旅游区的店铺中设置了很多试吃区,而且还为试吃的顾客提供茶饮。这样顾客停留的时间变长,也自然而然地与店员产生对话。福屋就是用这种方式收集顾客反馈的。在太宰府店和 DEITOS 店等店铺,还会配备现蒸的米饭。光是太宰府店,工作日就要消耗 5~6 升米,节假日则要消耗 10 升左右,每月的试吃费用有时会达到100 万日元。当然,这些费用最后也转化成了高质量的反馈。

　　福屋也经常支持"博多祇园山笠"这样的本地活动,还有福冈的运动员们。得知福冈本地足球队"AVISPA 福冈"面临经营危机后,福屋特意推出了两款明太子套装产品,将销售额全部捐给足球队。支持当地事业的举动,也对福屋产生了正面影响,这渐渐成为一种正向的循环。"福屋能发展到现在,多亏各位的支持。"这是俊夫和千鹤子夫妇经常挂在嘴边的话。他们一直很乐于助人,甚至还收留过因为火灾而无家可归的人。对福屋来说,支持当地的事业是很平常的事。

❶ 摆在店铺中的试吃区域
❷ 试吃区域还配备了蒸好的米饭
❸ 为庆祝 AVISPA 福冈队晋升 J1,福屋特别为明太子金枪鱼罐头设计了纪念标签

KARIMOKU 家具

K 椅

从经营者到销售人员、品牌经理、
工厂、店铺，甚至是顾客，
都有"一直用心贩卖产品"的意识，
才能让整个品牌成为经典。

　　到底什么是经典品牌？我觉得用一句话概括就是"珍惜最初的原点产品，同时按照现代的需求不断进化"。然而现实是非常残酷的，经常有品牌为了提升销售额或因为过度依赖零售店铺，而放弃对品牌来说最重要的"创造根基"，也就是原点产品。一直用心地贩卖原点产品，其实是件很难的事。

　　这次采访的 KARIMOKU 家具，就是一家拥有出色原点产品的企业。为了让原点产品存续下去，他们于 2000 年参加了我创立的 60 VISION 项目。怎样让产品保持长销呢？我跟他们一同思考，并创建了 KARIMOKU 60 这个品牌。KARIMOKU 家具凭借它建立了相应的企业意识和体制，最终在没有我们参与的情况下，让"原点产品"得以存续。

　　经典品牌，一般很重视"明星产品和其衍生产品之间的关系"。以 KARIMOKU 60 为例，它的明星产品就是 K 椅。而 K 椅又有很多衍生的周边产品。KARIMOKU 家具对待产品的态度是把它们看成有人格的东西。品牌经理小岛敏彦先生和山田郁二先生，用自己的行动将这股热情传达给了全国的店铺。他们二人的态度和行动力是别人很难效仿的，这也是 KARIMOKU 家具长盛不衰的一个原因。被这种热情感化的店铺，会积极地策划各种活动，比如工厂参观等。KARIMOKU 家具也会花时间和精力参与店铺本身的策划和设计，这样做可以帮助店铺增强自我意识。

我认为让品牌保持长盛不衰的另一个要素是，要有勇气设立直营店。家具行业在销售上主要依靠大型百货商店和大型家具店。这种销售形式当然没什么问题，但要想打造长盛不衰的产品，品牌本身一定要尝试亲自去销售这款产品。只有亲自站到卖场，试着用自己的语言去销售，才能让产品延续得更长久。因为长销产品不但要在设计上无可挑剔，还需要一定的销售创意。

这次要解读的"长效设计"，我也曾参与其中。再回过头思考一下，我更加意识到，只有出色的设计是无法打造出经典长销产品的。下面就跟我一起去探究 KARIMOKU 家具长销的秘密吧。

SINCE
1962

023
爱知
AICHI

KARIMOKU 家具
K 椅

KARIMOKU 家具　位于爱知县刈谷市的日本家具厂商。首任社长是加藤正平先生。他继承了家里从江户时代传承下来的木材店，然后在 1940 年建立了木工厂。1947 年，他创建了名为刈谷木材工业的公司。1959 年开始承接订单，为出口美国的家具生产木质零件。1962 年，刈谷木材工业又开始生产面向日本国内的原创家具。后来，刈谷木材工业更名为 KARIMOKU 家具，定位也变成一个国产家具厂商。2002 年，KARIMOKU 家具与 D&DEPART-MENT 合作创建了 KARIMOKU 60，之后也一直在销售诞生于 1960 年代的高品质产品

1. 以办公产品为原型的家具。

2. 为了提高成品率而改变造型。

3. 压低成本的组合式家具。

　　K 椅的原型是 1962 年诞生的扶手椅（图片❶）。当时 KARIMOKU 家具主要负责为出口美国的扶手椅生产木质框架（图片❷）。在这个过程中，他们尝试用这个扶手椅的成品当样本，来生产原创的椅子。

　　但是，这款出口的椅子成品率（成品对原料的比率）很低，机械的生产效率也不佳。于是，KARIMOKU 家具就开始研究提高材料成品率和生产效率的方法。兼顾外形与舒适度，尽量少浪费材料——为了达成这样的目标，设计师奥山五男先生（已故）设计出了比出口的扶手椅更简单更直线的造型。最早生产的型号是 1000 号，之后不断改良，到了 WS1150 号基本成型，它被正式命名为 K 椅。K 椅的定位一直是可拆卸的组合式椅子。零件损坏时可以替换，所以使用寿命很长。不过当初这样设计是为了降低运输成本，还有解放生产线（不用人随时看顾生产线）。2002 年，K 椅成为 KARIMOKU 60 的明星产品，之后由快递配送的机会大大增加。为了防止运输中零件互相磕碰，KARIMOKU 家具对 K 椅的包装也进行了改良（图片❸❹）。

1. 不盲目扩大销路，严格筛选合作店铺。

2. 积极参与店铺自主策划的活动。

3. 拥有能展示全品类产品的直营店铺。

目前，共有 104 家店铺在销售 KARIMOKU 60。要想获得 KARIMOKU 60 的销售资格，不但要具备相关的产品知识，还必须充分理解长销产品的概念。合作之前要进行几次面谈，"还要确认店铺是否有连续销售 10 年的觉悟"（品牌经理小岛敏彦语）。KARIMOKU 家具会跟店铺一起经营 KARIMOKU 60 这个品牌，二者是合作伙伴的关系。店铺里来了新人，品牌经理小岛甚至会亲自登门，向对方传授产品和品牌的相关概念。KARIMOKU 家具不会盲目地扩大销路，他们合作的每家店铺都是经过严格筛选的。这也增强了店铺的自豪感和对品牌的认同感。

有的店铺会自己策划一些活动，比如参观工厂和组织脱口秀等。专门销售 KARIMOKU 家具的大须 DECO 就是其中之一（图片❶）。为了让厂商和消费者面对面交流，店主伊藤隆一（图片❷）举办了一个名为"KARIMOKU 60 畅谈会"的活动。参加活动的人数一般控制在 5~10 人，品牌经理小岛一直以厂商代表的身份参与其中。KARIMOKU 家具的直营店（图片❸是 KARIMOKU 60 新宿店）陈列着 KARIMOKU 60 系列的所有产品，还会销售地毯、窗帘和杂货等。除了销售产品，它还担负着传达品牌理念的任务（图片❹是店长栗原麻衣子）。

1. 注意杂志采访的"用词"。

2. 不接受定制，但设置了几个可以变化的产品线。

从 1960 年代起，K 椅的设计一直没有变化。为了保持使用 10 年也不会损坏的良好品质，KARIMOKU 家具只生产那些经典产品。

另外，为了让店铺保持新鲜感，KARIMOKU 家具设置了店铺可以自主选择布料和木材颜色的限定产品线——K Chair Area Limited（图片❶是大须 DECO、图片❷❸是 KARIMOKU 60 新宿店的限定产品）。除此之外，KARIMOKU 家具还新设立了迎合现代生活方式的 KARIMOKU 60+ 产品线（一些现代风格的桌子和柜子等）和像图片❹一样用真皮等高档材料制作的 KARIMOKU 60+ KARIMOKU 产品线。当然，他们也在积极开发新产品，用来扩充以 K 椅为首的 KARIMOKU 60 系列。在经典设计的基础上，纳入新的流行元素，这是 KARIMOKU 家具年轻的设计师们秉承的设计理念。

KARIMOKU 60 刚推出时，很多杂志都慕名来采访。当时社会上正好掀起一股复古和复刻的热潮，KARIMOKU 60 也差点被卷入其中。为了避免出现这样的情况，KARIMOKU 家具仔细确认了采访的用词，不让杂志简单地用"复古"和"复刻"这些词语来形容自己的产品。

1.灵活地改变原材料。

2.不将销售额的上涨放在首位。

3.培养有价值的专业人才。

K椅木质部分的原材料曾经出现供应问题，KARIMOKU家具用灵活的方式解决，最终实现了稳定的供给。在1970年代之前，KARIMOKU家具一直使用本国产的榉木当原料。但因为很多厂商都使用它，这个材料就慢慢枯竭了。之后，厂商们将目光集中到北海道和东北地区出产的楢木身上。KARIMOKU家具预见到，楢木也会像榉木一样被消耗殆尽，于是便将目光投向了马来西亚的橡胶木。经过不断改良，橡胶木终于可以充当家具的原材料。到了1980年代，KARIMOKU家具就已经将K椅的主要原料改成了橡胶木。

KARIMOKU 60刚推出时的销售额约为1.8亿日元，到2014年已经上涨到了11.31亿日元。注重销售额的同时，KARIMOKU家具还在开发KARIMOKU 60+和KARIMOKU 60+ KARIMOKU等产品线上投入了大量的精力。随着品牌知名度的提升，"想制作K椅""想从事KARIMOKU 60相关工作"的人越来越多。KARIMOKU家具意识到，吸纳优秀人才也是让品牌长盛不衰的因素。于是他们设定了一个名叫KARIMOKU 60 Meister（德语，意为师傅、匠人）的制度。培养相关的专业人才也能增加销售人员的动力，从而让品牌更长久地存续下去。

❶ 1972年的K椅设计图
❷ 产品刚推出时的销售目录
❸ 负责生产K椅的工厂——东浦 KARIMOKU

027

大阪

OSAKA

国誉

Campus 笔记本

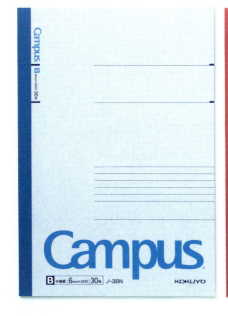

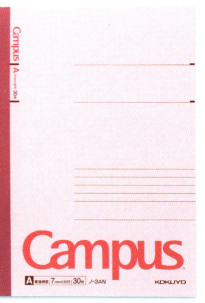

有意识地打造国民笔记本。

会根据市场调研来调整设计，

但并不是加深人们"喜欢"的点，

而是尽量减少人们"讨厌"的点。

Campus 笔记本诞生的过程非常不可思议。国誉的工作人员竟然说"不知道"改版的时间，这让我印象深刻。简言之，国誉并不是根据调查结果或销售额下降这些因素来决定改版的。他们考虑的不是自己，而是社会和使用者对产品的态度。

Campus 笔记本的 logo 和封面设计，参照了卖场文具区货架的设计风格。也就是说，设计师并不是完全按照自己的理念设计，而是有具体的参考和条条框框。内页样式等也是以使用者为中心，尽量将人们讨厌的点消除干净。

国誉继承了创始人在产品设计和经营上的理念，具体内容请参见第 31 页下方的文字。他们设计产品的出发点不单单是畅销，还有贯彻创始人的理念和当初创业的理由。国誉就是这样一个企业。

回过头来想一下，那些经典长销产品既是对未知市场的大胆挑战，也是对消费者们深入了解后得出的结论。它们的出现能改善人们的生活环境，并掀起一股热潮。这种热潮会慢慢稳定下来，然后通过不断改良建立信任感，最后演变成长盛不衰的经典产品。

也就是说，这些产品在诞生时就有了长销的意识。至少我是这么认为的。

采访 Campus 笔记本的设计者时，我问他"接下来准备设计什么样的东西"，他毫不犹豫地回答"完全没想法"，这也给我留下了很深的印象。我意识到，国誉的产品靠的不单单是设计师的美感和对流行的敏锐嗅觉，它是由整个企业慢慢孕育出来的。国誉这个企业的"设计"是以消费者的意见为中心的，这正是他们贯彻创始人理念的一个体现。

在日本被誉为"上班族之街"的新桥，有一家很有特色的名店。它的原名是"有薰酒藏"，但却被人称为"Campus 居酒屋"。因为店内珍藏着 3000 多本 Campus 笔记本，里面都是日本各个高校毕业生的留言。在采访过程中，我曾经跟国誉的员工们到这家店喝酒聊天。店主在产生这个想法和选取笔记本时，应该也觉得这家店和 Campus 笔记本都能"长久地存在下去"吧。

国誉
Campus 笔记本

国誉 1905年创立于日本大阪。首任社长是黑田善太郎先生。刚开始主要生产日式账簿的封皮，而后转行做西式账簿、传票和便笺。国誉（KOKUYO）原本是商标，后来直接用作公司名称。从创业之初，善太郎先生就秉承着"对客户有所帮助"的理念，即使被说成是"无用的买卖"也要铆足劲儿去做。在生产和销售时，他还总是"设身处地为买家着想""设身处地为使用者着想"。创始人的这些理念后来渐渐演变成了国誉的行动规范和"经营的信条"

1. 以实用笔记本的领头羊为目标，用前所未有的设计打开市场。

国誉正式进军笔记本行业，是 1950 年代的事。当时市面上最流行的是大学笔记本。作为后进入这个行业的厂商，国誉必须用一些颠覆常识的新设计来吸引人们的目光。于是，他们接连推出了很多新产品。当时用线和订书钉是最普遍的装订方式，但国誉更重视手写的舒适度，于是便着手开发用胶装订的非线装笔记本和以学生为目标客户的战略笔记本系列。他们还推出了封面印有照片和各种图案、用线圈装订的意匠笔记本。这种笔记本封面使用了欧美名牌大学的校园风景照，并且印有 Campus note 的 logo。它应该算是 Campus 笔记本的原型。

到了 1975 年，初代 Campus 笔记本终于诞生了，它是战略笔记本系列的经典产品。这款笔记本有橙色（A 型）和浅蓝色（B 型）两种颜色，封面上都印着 Campus 的 logo。它们都采用了最新的非线装设计，而且每种颜色的封面上都画着细细的格子。设计这款产品的是兼任产品策划的内部设计师。至于他为什么在众多颜色之中选择了橙色和浅蓝色，没人知道。这款产品是大学笔记本的进化型，所以被命名为"Campus 笔记本"，但这也只是我们的推测，详细情况已经不得而知了。

❶ 1965 年发售的意匠笔记本
❷ 1975 年发售的初代 Campus 笔记本

1. 根据货架的变化来改变封面设计。

2. 为保持品牌的新鲜感，每隔 8～9 年就改版一次。

3. 用提升品质的方式防止产品跌价。

　　Campus 笔记本到现在已经发展到第五代了。从初代开始，它每隔 8～9 年就要改版一次。"对正常销售的产品进行改版，是一件很需要勇气的事。有人会说，明明大家都很满意，真的有必要改版吗？但只有努力去改变，才能让品质得到提升，让产品得到进化。"文具事业总部产品部的长衣川忍小姐这样说道。他们认为，不断推出新产品是作为大型厂商的责任之一。

　　那么，Campus 笔记本的设计究竟是由什么决定的呢？笔记本在货架上的陈列方式便是其中一个因素。以前，文具店的笔记本区域主要采取平铺的陈列方式。但 1990 年之后文具开始进入大型卖场，笔记本的陈列方式也发生了改变。货架下层还维持平铺的形式，但上层却开始直立摆放。为了让摆在上层的产品更显眼，国誉 1991 年推出的第三代 Campus 笔记本就将 logo 改成了纵向排版。在改版时提高产品品质，还能起到防止跌价的作用。第四代 Campus 笔记本增加了装订的强度，这样内页更不容易散开。为了向使用者传达这项改动，设计师特意加宽了 Campus 笔记本的书脊部分。

❶ 2000 年发售的第四代 Campus 笔记本
❷ 1980 年的笔记本货架。店铺名称"野原公司"(茨城县)

1. 推出限定产品和套装产品。

2. 开发能广泛适用的、有附加值的产品。

从第二代开始，Campus 笔记本增加了很多版本，到现在总数已经超过300 种。除了普通版，国誉还推出了各种印有原创图案或跟动漫合作的限定产品。而由 5 种颜色组成的"学科分类套装"则很受学生党的喜爱。

2008 年 10 月发售的 Campus 笔记本（东大点线笔记本）是跟《东大合格生笔记大公开》的作者太田文，以及这本书的出版方合作开发的。这款笔记本在内页的横线上加入了等间距的点，这样书写时文字更容易对齐，也方便画各种图形和表格。

这款产品原本是面向学生的，但在职场人士中也广受好评。因为它的功能性很强，而且在使用方法上没什么限制。后来，国誉又推出了很多点线型笔记本，它渐渐成了一个经典又丰富的产品线。除去最普通的胶订笔记本，这个系列还有线圈本、活页本和拍纸本等产品。同时，国誉的竞争对手也纷纷推出类似的功能性笔记本，如今它已经成了一个备受瞩目的新品类。2009 年，国誉推出了一款比 B5 稍微大一圈的本子，它能够直接收纳和粘贴 B5 尺寸的打印纸。2013 年，国誉又推出了专门针对文科的"文章型"笔记本和专门针对理科的"图表型"笔记本。

❶5 本一套的 Campus 笔记本
❷ 点线型笔记本系列。
封皮内部标注了具体的使用方法

1. 根据市场调查的结果，选择最不让人"讨厌"的设计。

2. 在社内报纸上刊登 Campus 笔记本用户的故事。

　　Campus 笔记本一年的总销量一般都会超过 1 亿本，在实用笔记本中的市场占有率排名第一。Campus 笔记本曾改版过很多次，但改版的时间是不定的。销售额变化等当然是重要的因素，但改版的主要契机是公司内部产生"差不多要重新激活市场"的想法。回顾过去的改版历程，会发现两次改版之间一般都相隔 8~9 年的时间。决定改版后，国誉首先会进行市场调查，收集人们对 Campus 笔记本的看法和使用感受等信息。最后决定新设计时，还要再进行一次市场调查，而且针对人群很广，从学生到职场人士都要涵盖。从调查结果来看，国誉更重视"讨厌"这一项。一个设计喜欢的人再多也没用，只要讨厌的人数降不下来，就会面临淘汰的命运。国誉的目标是打造"普通到极点"，但 15 年后也不会过时的设计。

　　日本的很多企业和店铺都喜欢使用 Campus 笔记本，位于东京新桥的居酒屋"有薫酒藏"就是其中之一。到目前为止（2016 年 3 月 3 日），这家居酒屋共收藏了 3017 个留言本。国誉的员工发现所有留言本用的都是 Campus 笔记本，于是将这件事告知公司，并刊登到社内报刊上。事后，国誉还给这家居酒屋送去了感谢信。这场良性的交流，完全源自国誉员工对 Campus 笔记本的热爱。由此可见，员工对自家产品的深厚感情也是品牌长盛不衰的因素之一。

❶ 1983 年发售的第二代 Campus 笔记本
❷ 1991 年发售的第三代 Campus 笔记本

SINCE
1905

026
京都
KYOTO

一泽信三郎帆布

绝对不做"不自然"的生意。

　　信三郎先生看起来稳重又踏实，是因为他一直贯彻着认真的工作态度。他觉得帆布包是人类为自己制造的工具。所以绝不使用全自动的机械。店里都是兢兢业业的职人，所以能对产品终身保修。不让不认识的人售卖自己的产品。总是能做出"跟之前一样的东西"。产品没有固定的模板，当然不会出现停产的情况。不执着于销量，开发新产品全凭心血来潮。当然也不会为了想象中的"目标人群"来设计产品。职人们不会为了设计而设计，更不会将设计委托给外面的设计师。材料由职人们亲自把关，工具也都是自己修理和保养。不愿走出京都，结果变成了京都的代表性品牌。

　　信三郎先生经常把"有价值的东西"这个词挂在嘴边。而这种东西似乎要"亲自用用才知道"。他说："现在大家都觉得东西全新时状态最好，所以制造商会用化学纤维这种看起来光鲜亮丽的材料。但这些东西用着用着就会'劣化'。而真正有价值的东西，则会越用越有味道。"信三郎先生认为，一件产品只有经过不断的锤炼才能成为"有价值的东西"，所以他们从不懈怠，发现一处缺点就会进行改良。他觉得有价值的东西就是"能长久使用的结实的东西"。采访信三郎先生时，每次说到稍微严肃点的话题，他就会用"问这个是费力不讨好啊"或是"大家都开开心心做事，不是挺好吗"这样的话来敷衍我。几次下来，连我这个采访者也开始反省，并且产生了"算了，这种事怎样都无所谓"的想法（这种有关商业观点的提问本身就不符合信三郎先生的性格）。他的一番话让我思考了很多，比如哪些是必须做的事，哪些又是可做可不做的事。"如果开始网络售卖，就需要更多人手啊""而且需要有员工一直盯着电脑""拿给别人分销，就多了运输的花销。让顾客们自己到店里来买不就行了"……有些东西在我们看来是理所当然的，但信三郎先生却不这么认为。"彻底地落后于时代"已经成为他的信念。不过，信三郎先生也不是完全没有看到这个时代的变化。他是通过什么来观察时代的呢？他的切入点既不是"媒体"，也不是"社会的潮流"，而是到自己店里买东西的顾客。正因为如此，喜欢一泽信三郎帆布的人才会越来越多。这真是一次不错的采访体验啊。

一泽信三郎帆布

一泽信三郎帆布　一泽信三郎帆布的前身一泽帆布是 1905 年在京都创立的。初代当家一泽喜兵卫本来经营着一家西式洗衣店，后来他开始用缝纫机制作工具袋。现在公司的社长是第四代传人信三郎先生。当初他跟第三代传人信夫先生一起将一泽帆布发扬光大。但信夫先生去世后，一泽帆布却陷入了继承人纷争中。失去继承权的信三郎先生带着职人们自立门户，创建了一泽信三郎帆布这个品牌。后来，法庭重新将一泽帆布判给了信三郎先生。现在的一泽信三郎帆布同时经营着"信三郎帆布制"三个品牌，产品的标签也分为三种

1. 不为想象中的客户设计产品。

2. 不会请设计师做设计。

3. 将设计给从业人员的专用包具发扬光大。

　　帆布是用棉线或麻线平织而成的粗厚布料。它不但结实耐用，所用材料也天然质朴，能让人享受慢慢变旧的过程。最早用帆布给职人们做包的是一泽帆布的第二代传人常次郎先生。当时他给木工和泥瓦匠制作了工具包，给牛奶店、酒家制作了配送袋，后来还根据使用者的习惯对产品进行了改良。以牛奶店的配送袋为例，为了将牛奶瓶严丝合缝地放进去，常次郎先生特意将底部做成了圆形。配送袋的提手也换成了可以替换的粗绳，因为牛奶店的人配送时会将装满牛奶瓶的包挂在自行车把手上，这样配送袋的提手很容易损坏。另外，考虑到配送时会出现牛奶泼洒的情况，为了防止牛奶积存在配送包里，常次郎先生在包的底部开了一个孔。他还在容易碰到自行车的部分缝了两层布料做加固。由此可见，这是一款完全为牛奶店打造的实用型包具。

　　职人们不会为想象中的客户制作产品，他们会站在实际使用者的角度考虑问题。一泽信三郎没有一个包是因为时尚诞生的，它们都有各自的实用功能。可以说，顾客和从业人员才是一泽信三郎的设计师。这个理念一直是一泽信三郎帆布的根基。后来，这些专门设计给从业人员的包袋被摆到店里，售卖给普通人。职人们又开始根据普通顾客的需求，对产品进行改良。

当初设计给牛奶店的配送袋（复制品）。
现在店里售卖的是底部没有孔的版本

1. 坚持采用直营方式，自己售卖自己的产品。

　　从创业时起，一泽信三郎帆布就一直自产自销。直营店也只有京都一家。而且他们不愿意分销，坚持自己制作自己售卖的原则。"我希望顾客在弥漫着帆布味道的店里，亲自去触摸去挑选自己喜欢的东西。"信三郎先生如此说道。将职人们一针一线用心做出的产品直接摆到店里，不用花运费和多余的人工费用。这样就能保证用合适的价格卖给顾客，也不用为了降低成本而削减材料费。"人一天只用吃三顿饭呀。我觉得大家一起开心地工作，比赚大钱更重要。"

　　一泽信三郎帆布有网站，但不提供网上购物的服务。他们支持邮购，但必须从产品目录上挑选，而且产品目录也只能用邮寄的方式获得。支付方式必须用银行转账或汇款，货物在两个月之内送达。这跟现在以快捷方便为卖点的购物方式完全相反。"现在无论是货物、钱款还是人都能瞬间跨越国境，但我们可以选择不用这种方式"，这就是他们的想法。其实，一泽信三郎帆布经常收到来自国外的问询，也有专门来定做的海外订单。最近，美国一家商业学校的三十名老师和学生特地来参观学习，英国的杂志也报道了他们。

直营店的外观和店内情况

1. 从来店顾客身上感受流行风向。

　　一泽信三郎帆布每个月会举行一次新作会议。届时每个员工都能自由地提建议。最重要的是让职人们提出"制作给什么人，具体有什么用途""这样设计顾客用起来更方便"的想法。职人们会与顾客聊天，借此感知流行趋势并询问他们的需求。"希望这里能加一个口袋""有没有这样的产品呢"，顾客这样的声音能激发职人们的灵感，让他们创造新产品，同时对一些经典产品进行改良。"只是一门心思地想设计新产品，根本做不出有趣的东西"，信三郎先生这样说道。还有"不实际用用看，就无法判断有没有价值"，所以试做品出来后，不但设计者本人要试用，连家人和同事也要一起试用。一泽信三郎帆布的所有生产流程都在社内进行，试做品的制作和改良也就方便很多。试做品出来后，他们也不会急于量产，而是脚踏实地一步步做好。有的产品从试做到完成花费了近一年时间。

　　一泽信三郎帆布有很多回头客，他们每月会接收将近一百件产品的修理工作。修理费用按实际收取，但如果超过新品的半价就会婉拒。然而，还是有不少顾客表示愿意出这个费用。负责修理的是制作同一型号产品的职人。修理也有助于产品的改良，职人们会认识到哪些地方容易破损，同时改善自己的缝纫方法。

❶ 作业方式是二人一组。图片中是负责打下手的职人，他正在给布做折痕，这样用缝纫机缝的时候会更顺畅
❷ 修理后的包。有些外国游客会趁着来日本旅游时修理包具

1. 不会走出京都。

2. 不使用人类无法完全驾驭的机械。

一泽信三郎产品使用的帆布是特别定制的。因为最终要制作成包具，所以布料在染色方面非常讲究。为了防止褪色，染色时会将整块布料染透。缝制时用的线和覆盖窝边用的布带，都是经过严格筛选的天然材质。纽扣和孔眼、拉链等五金用品也是特别定制的，仔细看会发现上面有一泽信三郎的 logo。从原材料开始自己定制，所以信三郎先生才能说出"对产品或颜色停产没有概念"这样的话。因为只要是出现在店里的产品，任何时候都能做出来。

一泽信三郎帆布到现在还在使用"二战"前的脚踏式缝纫机。信三郎先生说："如今的时代，是计算机和机械不断驱使人类的时代。而我们还在努力保持人类使用机械的状态。"正是因为有这种想法，他才坚持不开网店吧。

除了店里的产品，他们还接到了很多定做的单子。这些订单里不但有包具，还有咖啡馆座椅下的置物箱和装入学考试试卷的运送袋等。当地的学校和幼儿园也会向他们定做双肩包和书包。因为都是小批量的订单，所以一些细节也能根据客户的想法制作。不进行大量生产，能实现的东西也就更多。

❶ 拉链的锁头部分做成了包的形状。
五金上的 logo 表示连零配件都是定制的
❷ 2016 年 8 月召开的国际会议"ICR2016"的纪念品。
里面装着会议资料，到时候会发放给相关人员

一保堂茶铺

026
京都
KYOTO

不用包装设计来吸引顾客。

采访时意识到这一点，我不由得笑了出来。这个品牌最重视的是茶叶的质量和与顾客的关系，他们会有意识地削弱其余信息，甚至完全不希望它们展示出来。比如，我采访时几次询问关于包装设计和店铺设计的问题，他们只是笑眯眯地看着我，却什么都不回答。茶叶的混合调味和质量的保持，还有与一直购买茶叶的顾客之间的关系，才是一保堂最重视的部分。设计方面的问题，对注重当下的一保堂来说根本不算什么。这就是他们的品牌理念。

当然，他们也知道包装设计和店铺设计对产品的重要性。采访时，我跟一保堂的人聊了很多，特别是在设计的细节上。但是在和媒体交流时，他们会刻意回避这一点，避免因此产生多余的消费。所以就连继承家业的社长，也从来不接受采访。这种行事方式可谓独树一帜。

一般情况下，企业会希望更多人购买自己的产品，所以在设计和品牌构建方面投入很多，久而久之就变得越来越复杂。但一保堂却在设计和信息方面做减法，减少到只剩下"茶叶"和"顾客"两个要素，最后成了一个经典品牌。

一保堂的玉露、煎茶等产品，在外观设计上完全不统一。大多数企业会在产品包装上使用同样的 logo 和设计方式，这种统一感是品牌的一种体现。但一保堂不在乎这些，他们认为更重要的是满足客户的不同喜好，当然没必要维持包装的统一性，而且一保堂也不是用包装来吸引顾客的。

　　对日本人来说，茶是日常生活的一部分。在老一辈人的家里，饭桌上一般都会摆放一个小茶壶。但这看似普通的茶叶中，却蕴含着日本人追求质朴和季节感的情怀，这也是一种需要传承下去的文化。所以一保堂在店铺旁边专门开设了一个传授茶叶知识和泡茶方法的场所。也许有人会把它当成最近很流行的茶饮店吧。

　　我认为一保堂长盛不衰的其中一个原因就是，他们重视设计，但又有不谈论设计的勇气。

一保堂茶铺

一保堂茶铺 一保堂1717年创立于京都。原来名叫近江屋，是一家经营茶叶、茶具和陶器的小店。因为茶叶品质良好，近江屋广受好评。1845年，皇族的山阶宫亲王称赞它是"一心保茶"，并赐予它"一保堂"的名号。从此，一保堂便成了一家日本茶专门店。现在除了京都总店，一保堂在东京丸之内和纽约也开设了沿街店铺，同时还在日本各地的百货大楼里开设分店。目前，一保堂有大大小小一百多家店铺。一保堂的京都总店和东京丸之内店里设有饮茶室和开讲习会的空间，他们在日本茶的宣传上投入了很多精力

1. 不用包装设计决胜负。

　　目前，一保堂茶铺在售的茶叶有四十余种。为了满足顾客送礼和自饮的不同需求，这些茶叶分别设置了罐装、袋装等不同的包装。每种茶叶的包装都各有特色，设计不统一是一保堂包装的最大特点。

　　玉露和煎茶的标签基本沿用明治以后的设计，只做了少许改动。它们的原设计者是谁，现在已经不得而知了。贴在罐子上的标签主色调是橙色，设计细腻而且采用八色印刷，但一保堂从来都不把它当成主角。策划宣传组的组长足利文子说，"这个标签其实就是一个封条"。既然是封条，开罐时就必须撕破。他们觉得这样也没关系。据说它原本是明治时期贴在出口绿茶茶箱上的标签，但是有关这个图案的详细记录已经遗失了。虽然主角永远是茶叶，可是仔细观察会发现，一保堂的包装设计也非常用心。100克袋装玉露和煎茶包装上的"一保堂"字样很像一个图案，而且为了能直立摆放，袋子底部的设计也非常特殊。背面的泡茶方法只用了简单的图标，却很容易看懂。这种不突出设计师技巧的包装，正是符合一保堂风格的普遍性设计。

煎茶"芝煎茶"和玉露"甘露"的包装设计

1. 不设定主推产品，也不减价促销。

　　为了提高品牌认知度，有些企业会采用统一包装风格的方式，但一保堂却故意不这么做。这是因为他们作为有 300 年历史的日本茶专门店，有着靠时间培养起来的信用和对产品的自信。一保堂产品的价格有高有低，以 100 克茶叶为例，价格从 400 日元到 1 万日元都有。它们都是由一保堂品位高超的"选品师"筛选出来的高品质茶叶，虽然价格有别，却无优劣之分。所以一保堂不会设定主推产品，而是一视同仁地销售。"茶叶跟咖啡、酒等一样，都是满足个人嗜好的东西，应该单纯以味道和喜好来选择。"足利组长这样解释。

　　顾客来买茶叶时，店员会询问他的口味和喜好，如果有时间还会提供试饮，目的就是跟顾客一起找到适合他的茶叶。这四十多种茶叶都有自己的特色，而且味道会根据泡法而改变。关于茶叶和泡法，员工们都拥有丰富的知识储备，但店里并没有指导手册之类的东西。不过，一保堂会频繁地召开学习会。"看到以店主为首的老师傅们认真工作的样子，店员们也会为之一振。然后他们就会自己思考要怎样面对顾客，怎样将茶的文化底蕴传达出去。"

京都总店的店内陈设。和纸上的产品名和价格表，是店主夫人亲自手写的

1. 以打造经典茶叶为目标，不断改变销售策略。

　　一保堂的目标是打造"经典茶叶"。他们不会刻意追赶潮流，但会根据时代改变销售策略。从江户时代进入明治时代，一保堂开始向美国出口绿茶。到了昭和时代，一保堂又在各个百货公司开设店铺。为了顺应潮流，一保堂还在2000年开设了网店。但他们这样做是因为觉得"经典茶叶"必须让需要的人能就近买到，而不是为了"增加销售额"。

　　一保堂也是最早开始销售茶包的品牌。其实很多过着单身生活的日本人都是没有茶壶的。一保堂没有被"茶必须用茶壶来泡"的概念所束缚。他们觉得身为日本茶专门店，应该做出让人们意识到用茶包也能泡出好茶的产品。于是一保堂开始研究茶包，通过对茶叶量和茶包材质的不断改良，他们终于研制出好喝的茶包。"人们对茶包的需求越来越大，所以销量也很好。"从2010年开始，京都总店和东京丸之内店还开启了茶的外带服务，顾客可以将店内沏好的茶打包带走。随着外国顾客的增加，2013年一保堂在美国纽约开设了沿街店铺。他们的网店也接到了很多海外订单。发现这种情况后，一保堂特意在包装上增加了英文标志。

❶ 茶包刚刚发售时的包装。
当时茶包是放在铁罐里的
❷ 现在销售的茶包包装。
为了节省摆放空间，盒子的正面和侧面都有产品信息，横竖放置都可以 (摄影：谷本隆)

1. 与忠实客户一同成长。

2. 在吸烟室传授泡茶的技巧。

　　2017 年是一保堂创立 300 周年。很多顾客跟一保堂打交道的时间甚至超过了店里的员工。一保堂也希望和顾客们一同成长，"现在一保堂已经不完全属于一保堂了。"有员工如此说道。正因为对产品品质有自信，一保堂才不敢懈怠，一直努力打造人们在家里也能享用的好茶叶。除了茶叶种类，水量和水温也会使味道产生变化。一个人饮茶时，最适合的茶叶分量是 10 克。这也是泡出好茶的秘诀之一。以前一保堂的产品里都会配一个塑料的计量勺。

　　现在在传递信息的方式有很多。京都总店里的茶饮区也成了一个传递信息的场所。顾客点单后，员工会指导他们自己泡茶自己喝。这样顾客就能顺便学到一些泡茶的方法。京都总店和东京丸之内店会定期举办"日本茶教室"的活动。如果有需求，员工们还可以到企业和学校里教授跟日本茶相关的知识。从1998 年起，一保堂的店铺会向顾客发放名为《茶叶和歌图鉴》的宣传册。册子的封面是花的插图，中间则有一些关于茶叶的知识。一保堂之所以这么做，是因为他们觉得只有日本人才能真正理解日本茶的价值。

刊载着茶叶知识的宣传册《茶叶和歌图鉴》。
可以到店里免费领取

SINCE **1956**

013
东京
TOKYO

日本爱乐交响乐团

内心深知用一般方法无法走下去的团体。

我曾经出版过一套名叫《d 设计之旅》(*d design travel*) 的旅游丛书，它的主题是"长久存在于那片土地上的美好事物"。在"东京"卷中，我写了一篇主题非常宏大的文章，题目就是《交响乐演奏是什么》。

请大家也跟我一起思考一下。需要很多演奏者，还要建造专门的音乐厅，以莫扎特和贝多芬这些作曲家写的乐谱为基础，长时间而且是在全世界范围进行的"交响乐演奏"到底是什么？而单靠票务收益绝对无法维持的各种各样的运营费用，有时会由企业承担，有时则是靠当地的市民团体成立应援会来支持每年的公演。

演奏音乐是一件非常棒的事，一般人应该都会这么想吧。但是长久以来，让大家以"绝对不能让它消失"的心情去支持交响乐团的理由是什么呢？这次我从众多交响乐团中选中日本爱乐交响乐团（以下简称日本爱乐）的理由就是，它曾经因为赞助商改变经营方针而解散，乐团的所有成员也都被解雇了。后来，日本爱乐靠着一些草根性质的音乐普及活动存续至今，比如已经连续举办 40 多年的面向孩子的暑期音乐会等。如果一直有大型赞助商在背后支持，他们恐怕是不会举办这种活动的。

一般情况下，交响乐团是无法单靠演奏生存下去的。这是很明确的事实。有过亲身体验的日本爱乐，开始思考人与音乐的关系。

音乐能感化演奏者和倾听者。演奏者可以从专业的角度感受音乐的美好。当然他们也能理解像贝多芬这样的作曲家，用乐谱留下"人类活动必需的信息"时所蕴含的深意。这就是音乐让演奏者着迷的地方。周围的人被演奏者的样子感动，渐渐体会到了音乐的宝贵，并开始为他们加油打气。看到加油打气的人，其他人也渐渐体会到了音乐的宝贵，然后跟着一起加油打气……

在这次采访中我意识到，交响乐团能产生连锁反应，不断地向外界、向人们传达"音乐的力量"。而日本爱乐的演奏家们则用简单易懂的方式，将这一点诠释出来。他们认识到光凭好的音乐是无法让乐团生存下去的，于是便尝试各种演奏形式，为乐团蓄积力量，让它更好地生存下去。这跟那些长盛不衰的经典设计也有相通之处。

日本爱乐交响乐团

　　大家每年会去音乐厅听几场音乐会？如果想更好地感受音乐的魅力，一定要去听现场演奏。虽然我到现在还没弄懂演奏到底是怎么回事，但为了接受"音乐熏陶"，我每年会听 8 场音乐会。

日本爱乐交响乐团　1956 年以渡边晓雄（已故）为核心成立的乐团。有超过 60 年的历史，在守护传统的同时也力求发展，目前主要靠管弦乐音乐会、音乐教育项目、区域性活动这三大支柱定期活动。乐团有首席指挥皮塔里·殷基能（Pietari Inkinen）、桂冠指挥兼艺术顾问亚历山大·拉扎列夫（Alexander Lazarev）、桂冠名誉指挥小林研一郎、正指挥山田和树、音乐拍档西本智实等指挥家，平时会以他们为中心举办演奏会，目的是"通过音乐传递文化"

1. 自己创造让音乐派上用场的"场景"。

　　1972 年，日本爱乐的财团法人因为赞助商改变经营方针而解散，成员们也都被解雇了。担任日本爱乐顾问的大提琴演奏家田边稔回忆当时的心境时如此说道："得知被解雇时我很愤怒，但也自我反省了一下。我以前一直觉得赞助商支持交响乐团是一件理所当然的事。而且只要演奏出好的音乐，听众们就会自然而然地前来捧场。后来到了没有地方演奏时，我才更强烈地意识到听众们的存在。"

　　得知自己被解雇后，成员们开始各自想办法让乐团生存下去。他们不放过任何一个机会，亲自到各地去宣传交响乐团的必要性。据说有的成员曾经对着一个麦克风，在 2000 人的工会面前拉小提琴。这些接地气的活动渐渐引起人们的重视，支持日本爱乐的人也越来越多。人们意识到"帮助乐团举办演奏会也是一种支持方式"，于是成立了志愿者团体，开始跟市民一起开办各种音乐会。日本爱乐凭借各个阶层的支持，成功地解决了眼前的难题，开始走上自立的道路。如今对日本爱乐来说，"自己寻找机会让音乐派上用场，为了市民们而倾情演奏"的思维方式，已经是理所当然的了。

❶ 当初为了向支持者们传达日本爱乐现状而发行的报纸《市民与音乐》，现在依然在发行
❷ 在区政府大厅定期举办演奏会

1. 培养未来的古典音乐爱好者。

　　1975 年，日本爱乐开始举办面向孩子的暑期音乐会项目，初衷是"让第一次听古典音乐的孩子们感受到音乐的触动"。这也是乐团成员们自己创造机会让音乐派上用场的例子之一。这个项目能培养未来的古典音乐爱好者，所以每年都会如期举行，至今已经持续了 40 多年。"以前我在孩子们面前演奏贝多芬的《命运交响曲》时，整整 30 分钟他们都在认真倾听。当时我意识到，原来好的音乐对孩子们也能有所触动。所以面向孩子的音乐项目绝对是很有必要的。"田边先生说。为了让更多的孩子在现场听到好的音乐，日本爱乐积极地跟学校老师和教育委员会进行协商。教育委员会的负责人曾经亲自到现场听音乐会，然后评价说"这是一个应该一直持续下去的项目"。虽然这个项目主要面向孩子，但大人也能享受其中的乐趣。音乐的品质也跟一般的演奏会一样，丝毫不会降低。时至今日，乐团成员仍然抱着跟以前一样的热情，努力投入这个项目中。

　　为了让更多家庭参与其中，日本爱乐暑期音乐会的门票价格会比普通音乐会低一些。演奏结束后，乐团还会召开交流会，让指挥和演奏者们回答孩子们的问题（如果一天有两场公演，则只有下午的公演有交流会）。

❶ 关于暑期音乐会的记录。
这是按照年代进行归档的
❷ 2016 年暑期音乐会的宣传单

1. 将一些流行音乐，纳入自己的项目中。

　　日本爱乐会有意识地将一些电视广告主题曲或花样滑冰背景音乐等形成潮流的流行音乐，纳入自己的项目中。这是为了让更多人有机会接触并爱上古典音乐。他们跟三得利音乐厅第一次合作开办的"值得珍藏的午后"系列项目，目的就是吸引新的古典音乐粉丝。这个项目的主要目标群体是 30 岁以上的女性，为了让在家育儿的主妇有机会来到现场，演奏会的时间被安排在了工作日。它的核心创意是将音乐和舞台艺术联系起来，所以 8 月会跟歌舞伎，次年 1 月会跟古典芭蕾合作演出。日本爱乐还邀请了英国教育项目的权威迈克尔·斯宾塞（Michael Spencer）来担任传播总监（Communication Director），专门负责开发面向孩子和年轻人的项目。由迈克尔·斯宾塞演讲，日本爱乐来演奏音乐的体验型研讨会 & 迷你音乐会"交响乐团的定期演奏很有趣"，是 2015 年举办了 3 次的高人气项目。

　　在日本爱乐担任了 8 年首席指挥，2016 年 9 月荣升为桂冠指挥兼艺术顾问的亚历山大·拉扎列夫（Alexander Lazarev）是俄罗斯的音乐巨匠。除了家喻户晓的名曲，他还很愿意挑战一些演奏频度较低的冷门曲目。"让那些名不见经传的曲目在日本发扬光大，也是我们乐团的使命之一。"田边先生这样说。

❶ 迈克尔·斯宾塞和日本爱乐已经合作了近 16 年（摄影：山口敦）
❷ 杉井公会堂与日本爱乐共同举办的一年一度的项目"春假的交响乐探险"

1. 让多种形式交织在一起，共同支撑自己的音乐活动。

日本爱乐与市民之间有着很深的渊源。1975 年开始的九州公演，就是从普通市民中推选出实行委员，然后以他们为中心举办的。本来这个实行委员会是年轻媒体人响应日本爱乐的号召而组成的，如今演变成了由普通市民操办音乐会的形式。目前，九州的 10 个地区（福冈、熊本、北九州、大牟田、鹿儿岛、长崎、唐津、佐贺、大分、宫崎）都建有"日本爱乐之会"。他们隔月会召开日本爱乐九州公演联络会议，为每年 2 月举行的公演做准备工作。据说，这种普通市民跟交响乐团一起创立音乐文化项目的例子，在世界上也不多见。

自 1994 年起，日本爱乐与东京都杉并区建立了友好关系，并在那里建立了乐团的活动据点。他们在当地开展了很多项目，如杉并公会堂的音乐会、区政府大厅的音乐会等。发生东日本大地震后，日本爱乐曾经到 193 处地区举办慰问演出。活动经费刚开始是由市民们募捐而来的，后来为了让活动长久地举办下去，企业也开始支援他们。日本爱乐有 2 个定期演奏会的项目，分别在东京和横滨。在这 2 个项目中，如果听众购入 1 年 10 次（或半年 5 次）的通票，就可以一直坐在同一个座位。据说，这是从贝多芬的时代承袭下来的"让演奏会持续举行的方法"。

❶ 九州公演的场景（摄影：山口敦）
❷ 1957 年在日比谷公会堂举办的定期演奏会

TALK 成为经典
对谈

miną perhonen
×
皆川明

将生产的布料全部用完，
从不减价促销的服装品牌。
想让它长久地延续下去，
就必须跟所有与之相关的人一起进行有价值的创造。

　　皆川先生一直在慢慢改变时尚界的体质，这一点我非常喜欢。
他对人们常常提到的创造者、销售者、使用者这三者的态度也非
常务实。皆川先生认为，只有跟这三者共存的设计者才能被称为
设计师。这听起来似乎理所当然，但真正能做到平衡三者的人其
实并不多。
　　在皆川先生所处的时尚世界中，创造者是指那些在原产地织
布、染色和加工的工人。也是指那些将原产地特色与当季流行相

结合，然后用新形式表现出来的职人。销售者是指在全国各地将这些服装的魅力和世界观传达出去的店铺。也是指跟顾客对话，将创造的乐趣和美妙之处传达出去的人们。而使用者就是指我们这些购买服装并享受服装乐趣的消费者。皆川先生认为，这三者都不应该存在"勉强"。他觉得那些以减价促销为前提的设计，还有向工厂要求折扣等行为，会让其中某一方"勉强"，而这种不平衡的状况是非常不健康的。皆川先生想通过创意让每一个环节的人都获得幸福，他觉得这也是设计师的职责之一。

皆川先生很少提起原产地的事情。虽然不提，但他比谁都关心原产地的存续问题。如果三者都达到最佳状态，但衣服却卖不出去，"这应该是因为设计师创造力不足吧。"皆川先生轻轻一笑，这样答道。先从创造、销售和使用的角度，想出让大家都能获得幸福的状况。然后以一名设计师的身份，将想法付诸实践，创造

出有价值的东西。皆川先生经常说，这才是真正的"设计师"。创造让人很享受，但也要担负责任。这就是皆川先生一直想传达给我们的理念。

皆川明 minä perhonen 法人代表，设计师。1995 年创立 minä（即现在的 minä perhonen）。以"特别的日常服"为主题，用原创的布料制作衣服，并与日本国内外的布料原产地合作，致力于材料和技术的开发。还为纺织品界的龙头企业——丹麦的 Kvadrat 和瑞典的 KLIPPAN 等公司设计图样。曾参与酒店的设计和监制等工作，在室内装潢和待客设计上也有所建树

摄影：名儿耶洋、Makoto Ito、©minä perhonen、Teruyoshi Toyota、Manami Takahashi、Kotaro Tanaka、Norio Kidera

1.创造者与使用者，两方都要考虑到。

长冈　minä perhonen 那些一直备受人们喜爱的设计，是怎样被创造出来的呢?

皆川　设计和创造的初衷是为了造福使用者，但我觉得，创造中每个环节的人都应该感到幸福。设计产品时，要考虑到创造者与使用者两方的生活。企业和商家经常会从使用者的角度考虑定价，比如规定一件产品"一定要控制在某个价格才可以"，这可能不是时装业界独有的现象。然而，这对创造者来说是一种负担。顾客们可能很开心，但生产和创造的人却会遇到难处，导致工作无法继续，甚至工厂也跟着倒闭。认为"便宜点顾客就会购买"，其实本质就是设计力不足。设计的价值抵不上货币的价值，所以人们才无法产生购买的欲望。

长冈　为了让顾客产生购买欲望并得到满足，要用设计来弥补对吧。

皆川　将原材料和各个环节的人付出的劳动转化成价值，然后让顾客充分理解，正是我们的工作。产品不是光卖座就可以，但不卖座也不行。因为这样会对相关人员的工作产生影响，对我们来说也一样。不卖座的产品是没有价值的。我觉得"卖不出去也可以，只要创造出好东西就行了"的想法是自相矛盾的。

1. 在销售的过程中持续思考，将生产的布料全部用完。

2. 从不减价促销。生产时有意控制数量，采用长期的销售方式。

长冈　minä perhonen 的销售方式也很特殊呢。

皆川　我们与其他服装品牌最大的不同就是从不减价促销。我觉得生产量是减价促销的根本原因。就是因为产量过多，才需要减价促销。所以我会有意控制产品数量，避免出现产量过多的状态。我们将过去生产的服装称为"存档（archive）"，会一直上架销售。当然，我们不会继续贩卖品质劣化的东西，但 minä perhonen 原本设计的就是可以穿很多年的衣服，是不会轻易劣化的。所以我们的产品可以长期销售。

长冈　您刚创业时就决定不减价促销了吗?

皆川　是的。很多服装业界的厂商都会以减价促销为前提来设定价格。也就是说，最初购入产品的顾客会替减价促销时购入的顾客承担一部分价格。自己原价购买的产品最后却减价促销，会让人觉得很失望。我不喜欢这种状态。所以我刚开始就决定不减价促销，这样设定的价格比以减价促销为前提的价格要低一些。

长冈　说起来简单，实际做起来会很难吧。您不会觉得不安吗?

皆川　努力去验证并消解这种不安，也是生产者应该具备的能力之一。我们会控制产量，刻意少生产一些。设计师们经常高估自己的产品，甚至夸下海口说能卖出多少多少。但我们每次都会站在客观的角度判定。前期少生产一些，发现真的卖得不错时再追加生产。这种情况也并不少见。

长冈　你们对追加生产也有一定的应对措施吧。

皆川　是的。我们会多准备一些原材料，然后补足销路好的产品。这并不是提前设定好的，而是根据顾客的反映随机应变。有时还会根据销售情况改变布料的纹样和刺绣。如果布料有剩余，我们会从工厂回收，将它们做成拼布包或其他小面积的产品。能保证生产的材料全部用完，公司的经营也会更加健康。而且只要成品率高，也就不用去跟生产布料的公司交涉，要求他们降低价格了。

1. 不追赶潮流，颜色和设计全凭直觉做决定。

长冈　在流行方面，您有什么样的看法呢？

皆川　我们不太在意流行。在数以千万计的群体中，只要几万人中有一个人觉得 minä perhonen 还不错，这个品牌就是成立的。所以没必要太在意那些对我们不感兴趣的人，只要做出几万人中那一个人认可的东西就可以了。我觉得要将思想集中在这上面。每次决定主题基本都靠直觉，颜色和设计也是挑当时最想做的去做。我不会考虑太多其他的事，当然也不会去做追赶潮流的产品。直觉是我最重视的东西之一，它是由经验值转化而来的。平时接触的东西潜移默化地进入大脑，然后在某一时间集中起来，转化成实体。就是这样的感觉。

人不进行思考，就无法创造出物质。只有考虑到使用者，还有生产时每个环节的参与者，才能创造出最恰当的产品。思维创造出物质，物质又会重新归于思维。这就是我的想法。

长冈　我很喜欢皆川先生，也很喜欢 minä perhonen 这个品牌，可是却没怎么买过 minä perhonen 的衣服。本来我觉得很矛盾，但现在意识到，这是因为我跟皆川先生的精神产生了共鸣。既然有那些会买衣服的粉丝，想必也应该有我这种不买衣服的粉丝吧。

1. 目标是成为延续百年的品牌，
将一些核心性的东西传承给下一代。

长冈　皆川先生心中一定有"传承"这个关键词吧？因为您说过，创业时的目标是让品牌延续 100 年。

皆川　100 年是比我人生还要长的时间，我没办法一直经营这个品牌，所以不能光考虑短期的事情，要超越时间的限制，建立长期的品牌规划。

长冈　也就是在某个时点将这个品牌传承给某个人是吧。

皆川　不这样的话就没法延续下去。总有一天我会将这个品牌传承下去，但传承之前应该做些什么，是我要思考的事。传承这件事就像跑接力一样，我只是恰巧跑了第一棒而已，我跑下去的目的就是将接力棒传递给第二棒和第三棒。之所以这样想，是因为我意识到单凭自己很多事是无法做到的。我头脑中有太多的想法，自己根本做不过来。但随着思考的时间变长，经验值会慢慢上升，也会找到一些志同道合的伙伴。这样也许就能实现超越自己能力的事了。

长冈　皆川先生设计的图样是 minä perhonen 的特色。到了下一代会变成什么样呢？

皆川　会根据继承者的感觉和想法而变化。继承者会用自己的方式感受时代、迎接未来，作品的表现方式当然也会有所改变。但是，我觉得还是要有一些不变的东西作为轴心。所以我会花上 30 年左右的时间，将创造的方法和目的，传承 minä perhonen 的意义和我们的工作方式等核心性的内容确定下来，然后传承给下一代。

长冈　现在您大概完成了多少呢？

皆川　差不多 50% 吧。等到完成 70% 时，应该就能传承给下一代了。

SINCE **1919**

013
东京
TOKYO

Asahi 饮料

可尔必思

让人回忆起家族团聚的魔法。

可尔必思是一种很不可思议的饮料。你不觉得吗？在众多饮料中，它像从小和你一起长大的朋友一样，亲切又熟悉。那种感觉跟我这一代人听到松任谷由实和南天群星（Southern All Stars）就想起青春时代一样。小时候每当家里来客人时，妈妈会指挥我"去弄点可尔必思"。计算好要放的量，倒进水，搅拌均匀，最后再尝尝味道。这算是我孩童时期第一次做烹调相关的事。

为了适应时代，Asahi 饮料开发出了瓶装可尔必思、水果味可尔必思、可尔必思汽水等产品。但在这次采访中我发现，整个企业都一直铭记并热爱着可尔必思营造出的、跟家人一起制作和享用的品牌氛围。可尔必思的乳酸菌研究是世界一流的。它作为一种健康饮料也是佼佼者。但我觉得最可贵的是可尔必思营造的"大家一起享用"的家庭氛围。

很多经典产品都有一些相通之处。当然，这次的主角可尔必思也有。那就是有"吐槽点"。比如说，可尔必思包装上有"小圆点"是因为它的生日是日本七夕节（7月7日），但这些圆点的设计却没有明确的标准，只是"分布均匀"就可以了。对当时负责设计的野村典子小姐来说，这些圆点设计就像每个人都会冲出不同味道的可尔必思一样理所当然，完全是凭感觉跟同事商量着设计出来的。圆点在不同产品的包装上也会有所变化，如可尔必思汽水的圆点比较小，而水果味可尔必思则会变换颜色。采访中讨论到这个话题时，大家都聊得很兴奋。

创始人三岛海云先生留下的 4 个关键词——"美味""营养""安心""经济"，一直被可尔必思的工作人员奉为品牌的核心理念。这 4 个关键词可以适用于任何时代，也就是说，可尔必思是由这些普遍的理念创造出来的。原来制造者们一直将这样的思想当作激励自己的口号，也难怪可尔必思让人觉得那么亲切、温暖。

可尔必思既是一种很棒的健康饮料，也是让人想亲自给某个人制作的饮品。最后将它搅拌均匀的场景，像一种温柔的魔法，唤醒了日本人心中的家庭意识。触动大众在任何时代都不会改变的情感，也是一个产品长盛不衰的因素之一。

SINCE
1919

013
东京
TOKYO

Asahi 饮料
可尔必思

可尔必思　1919 年 7 月 7 日发售的日本首款乳酸菌饮料。创始人是三岛海云先生。三岛先生到中国工作时，发现内蒙古的牧民每天都会喝一种发酵乳。他亲自尝了一下，结果长途旅行造成的肠胃问题竟然不药而愈，身体状况也变好了。三岛先生认识到这种发酵乳对健康很有益，于是回国后马上展开研究。经过无数次试验，他终于研究出既符合日本人口味又有助于健康的可尔必思。可尔必思的名字 Calpis, 是 Calcium（钙质）和梵文中"极致的味道"这两个词组合成的复合词

1.来源于可尔必思生日的圆点图案。

　　1919 年刚发售时，可尔必思的包装是装在纸盒里的棕色玻璃瓶。因为乳酸菌有惧光性，所以选择了棕色的瓶子。标签上的可尔必思 logo 是斜向排列的，整体设计很有装饰派艺术的风格。发售后的 3 年里可尔必思一直使用印有"断臂维纳斯"图案的包装，但有关该设计的具体情况目前已经不得而知。"当时可尔必思是作为美味又营养的饮料发售的，所以才会选择这个象征女性健康美的形象吧。"Asahi 饮料市场总部的宣传部课长野村典子这样推测。

　　1922 年，可尔必思从最初的纸盒包装，变成了用纸包裹瓶子的包装。可尔必思是在 1919 年 7 月 7 日（日本七夕节）那天诞生的，所以包装纸就采用了象征银河群星的圆点图案。这个设计的负责人是宣传部的岸秀雄先生。当时的包装纸是蓝底配白色圆点。"圆点要像夜空中的群星一样自然分布，但密度是一定的"，这条基本设计规则一直沿袭至今。1953 年，它最外层的包装纸变成了白色底配蓝色圆点。到了 1955 年，可尔必思换成了纸盒包装，2012 年又换成了 4 层构造的能阻隔光线和防止氧化的塑料瓶。塑料瓶的瓶身是有棱角的，这是为了再现当初用纸包裹的包装。

❶ 1919 年刚发售时的包装。
当时是放在纸盒里销售的
❷ 1922 年更新包装。将玻璃瓶外面的纸盒换成了包装纸
❸ 1953 年外层包装纸换成了白底蓝点的设计

1.让员工深入了解可尔必思的价值，然后将它传达出去。

　　"调查显示，可尔必思的品牌认知率几乎达到 100%，而且超过 90% 的人曾经喝过它。"Asahi 集团广告部门的经理真锅礼子说道。虽然已经成为家喻户晓的品牌，但可尔必思也遇到过销售额下降的情况。"超市的传单经常把可尔必思当招牌产品，但同时也降低了卖价。这导致可尔必思整体的销售额有所下降。"Asahi 方面认为，没有很好地传达出可尔必思的价值，是导致降价的原因之一。

　　为了向员工普及可尔必思的生产方法和美味的理由，公司开始以市场部为主体举办学习会和工厂参观等活动。而面向消费者时，公司会采用广告和主题活动等形式来传达可尔必思的价值。公司还将"源于乳酸菌和酵母的力量"这句话做成标语印在包装上。每到 7 月 7 日可尔必思的生日，公司都会安排员工亲自到超市宣传和销售。另外，作为 CSR（Corporate Social Responsibility，企业社会责任）的一环，可尔必思还会安排员工在学校举办名为"儿童乳酸菌研究会"的教学活动。"通过在别人面前讲解可尔必思的相关知识，员工对产品的理解也会加深。"野村课长说。

在学校举办"儿童乳酸菌研究会"活动

1. 成为符合"当下"潮流的可尔必思。

　　可尔必思已经上市97年了（该文发表于2016年），但公司一直刻意不让它被贴上古老的标签。他们的目标是，不破坏可尔必思原来广受男女老少喜爱的温暖形象，但也要符合"当下"的潮流。所以可尔必思的电视广告在继承"全家人一起饮用"这个形象的同时，也会在细节上做文章，让整体感觉更加现代。比如，最近因为社交媒体的流行，人们开始享受动手制作食物的乐趣，然后将过程和成品拍成照片分享出去。于是可尔必思就开始推广一些原创的新吃法，如加入水果和汽水制成自己喜欢的饮品，或是加入牛奶做成雪糕等。

　　电视广告中提到的新吃法在可尔必思的官网上都有详细介绍。公司还专门设立了一个名叫"可尔必思咖啡厅"的网站，上面刊载着很多用可尔必思当调料的食谱，如火锅、拉面和意式肉汁烩饭等。水果味的可尔必思也经常根据季节来调整口味。1991年上市的可尔必思水是因为人们生活方式改变而诞生的产品。它彻底颠覆了"可尔必思是在家饮用的饮品"这个概念。可尔必思水上市后便铺满了便利店的货架，大大提高了消费者接触它的机会。公司借机推出以年轻人为目标的广告，也达到了提升可尔必思品牌新鲜度的目的。

❶ 可尔必思水的包装上也有圆点图案。但因为是稀释过的品种，所以圆点的颜色比较浅，也比较小
❷ 经典的巨峰葡萄口味。除了它之外，可尔必思还会根据季节和活动推出不同的水果口味，如草莓、哈密瓜、水蜜桃、杧果等

1. 亲自动手制作的"体验"，正是可尔必思的精髓所在。

2. 可尔必思重视传承，永远不会被淘汰。

可尔必思的创始人三岛海云先生一直追求的目标是"国利民福"（为国家的利益和百姓的幸福出力）。直到现在，可尔必思也认真遵守着创始人倡导的 4 个理念——"美味""营养""安心""经济"。"如何将这 4 个理念传达出去呢？可尔必思实惠经济，1 瓶能兑出 15 杯饮料，而且还能调理身体。我们一直是用这种论调传达理念的。"真锅经理如是说。可尔必思通过遵守这 4 个理念孕育出了新的价值，那就是"情绪"。"我们认识到，这 4 个理念都跟对家人的爱有关。电视广告上描绘的与家人一起制作饮料的美好时光，才是可尔必思的精髓所在。"

可尔必思是用水稀释后再喝的饮料，饮用时自然伴随着亲自动手操作的"体验"。这种体验会成为美好的回忆，跟可尔必思甜甜的味道一起留在人们心中。最近一些研究表明，跟父母或兄弟姐妹一起制作、饮用可尔必思的体验，不但能增强孩子们的同理心，还可以提高他们成年后的幸福度。长大成人后，他们又跟儿女孙辈一起喝自己孩童时期喝过的可尔必思。可尔必思非常重视这种世代的传承。

28 岁的三岛海云先生

大日本除虫菊

金鸟螺旋蚊香

既然产品已经完成，就要用广告大力推广

闻到蚊香的味道，会不会让你产生一种很怀念的感觉？比如，暑假到乡下小住时悉心照顾你的爷爷奶奶、在庭院放烟花的美好回忆，还有第一次跟家人外出露营的经历。当你们在野外做饭时，正是这股香味一直在旁守护，让大家免受蚊蝇的侵袭。那股香味来自天然的除虫菊。据说，日本某个家喻户晓的明星很喜欢蚊香的味道，他在夏天以外的季节也会用金鸟螺旋蚊香来充当线香……金鸟螺旋蚊香跟其他蚊香制品最大的不同点在于，当现代蚊香制品都采用科学的人工添加剂时，它依然在使用很难稳定供给的天然除虫菊，效果显著又有独特的香味。这正是金鸟蚊香长盛不衰的原因之一。为了保证材料供给，公司当年曾经广泛募集栽培除虫菊的农家。这种做法拿到现在来看，就是所谓的"参加型产品"，非常新颖独特。产品的螺旋外形和极受欢迎的包装设计，被认为没有必要更改，所以一直没有改动。但公司非常相信"广告"的力量，产品一经上市就开始用报纸广告和珐琅招牌等大力推广。如果大家仔细观察，就会发现其他蚊香品牌也会用广告，特别是电视广告来宣传产品，这也是受到金鸟蚊香的影响。"在广

告上大力投入"这个想法看似普通，但其实也是金鸟蚊香的特色之一。这种做法对竞争对手也产生了影响。既然拥有了压倒性的品质，接下来就是用能给人留下印象的广告来推广了。这是产品刚上市时就确立好的策略。

迄今为止，我已经采访了很多长盛不衰的经典产品，但没有一个像金鸟螺旋蚊香一样具有压倒性的优势。形成这种优势最重要的两点是，创始人兼产品开发者上山英一郎坚持使用除虫菊，以及在广告上的大力投入。所以无论是在充满变数的创始阶段，还是稳定发展的现在，金鸟螺旋蚊香都能一直保持畅销。由此也可以看出，金鸟螺旋蚊香从上市初期就是一个很完美的产品。曾有段时期，金鸟螺旋蚊香因为太畅销而减少了天然除虫菊的配比，但后来又改回了原来那个费时费力的以天然成分为主的配方。重视配方和宣传这些最基本的事，是金鸟螺旋蚊香到现在还受人喜爱的重要原因。

SINCE
1902

027
大阪
OSAKA

大日本除虫菊
金鸟螺旋蚊香

金鸟螺旋蚊香 1902年上市，是世界上第一款螺旋形蚊香。金鸟螺旋蚊香的创造者是大日本除虫菊的创始人上山英一郎先生和他的夫人上山雪小姐。"金鸟螺旋蚊香"的原型是1890年上市的世界首款棒状蚊香——金鸟香。金鸟香长20厘米，燃烧时间约为40分钟。所以每次要点两三根才能达到驱蚊效果，而且效果在人睡着后不久就会消失。如何让蚊香长时间燃烧，成了大日本除虫菊必须解决的课题。之后的10年他们不断尝试，直到上山雪小姐提出了螺旋形的方案。螺旋形蚊香可以将燃烧时间延长到7小时左右。提到蚊香就想到螺旋形，原来这种固有观念是在100多年前就确定的。包装设计几乎没什么改变，也是金鸟螺旋蚊香的特征之一

1. 用报纸广告来宣传品牌，扩大影响力。

2. 不独占除虫菊，呼吁大家一起种植，打造"参加型产品"。

　　1886 年，上山英一郎先生从美国植物进口公司的社长那里得到了除虫菊的种子，当时日本还没有除虫菊这种植物。除虫菊是一种小白花，外形跟雏菊很像。它的花含有杀虫成分，在国外主要被制成灭蚤粉。英一郎先生成功地在日本培育出了除虫菊，并制造出了具有杀虫功效的除虫菊粉。"既然除虫菊能灭蚤，也应该能灭蚊"的想法，再加上从祭拜用的线香上获得的灵感，英一郎先生于 1890 年发明了世界上首款棒状蚊香——金鸟香。

　　蚊香之所以能推广到全日本，是因为英一郎先生没有独占除虫菊，而是将它打造成了"参加型产品"。除虫菊是一种很顽强的植物，即使在贫瘠的土地上也能生长。英一郎先生认为"将除虫菊当成副业，能救助贫困的农民"。于是他将种子免费送给农民，还细心地传授他们栽培方法。英一郎先生以收购农民们种植的除虫菊为条件，同时免费发放记载着种植方法的《日本的除虫菊栽培指南》。但真正起到扩大栽培作用的，是刊登在报纸上的广告。1892 年，记者得知了英一郎先生的事迹，就写成新闻稿刊载到了报纸上。以此为契机，除虫菊和上山英一郎的名号响彻全国。就是在那个时候，英一郎先生认识到了媒体的影响力，并在报纸上刊登了招募农户的广告。在这些事情的助力下，他发明的蚊香也成了广为人知的产品。

免费发放的《日本的除虫菊栽培指南》

1. 螺旋形蚊香的发明。

2. 成为广为人知的产品后，也不改变包装设计。

　　金鸟螺旋蚊香的正式名称是"金鸟的螺旋"。为了延长燃烧时间，大日本除虫菊对已经上市的棒状蚊香金鸟香进行改造，发明了这款螺旋形蚊香。螺旋形的创意，最早是由英一郎先生的夫人上山雪提出的。经过反复试验，大日本除虫菊将两盘蚊香盘在一起，制成了所谓的"双线圈式"。两盘蚊香合二为一，既节省了空间，还能减少在运输过程中的折损。

　　螺旋形蚊香刚上市时采用手工作业，到 1957 年前后才实现机械化。这时，其他公司也开始销售螺旋形蚊香。为了形成差异，金鸟螺旋蚊香就将产品从"右旋"改成了"左旋"。

　　从 1902 年上市到现在，金鸟螺旋蚊香的包装几乎没什么改变。仔细观察整个包装设计，会发现除了四周装饰的除虫菊，雄鸡的图案上也印着创始人的姓氏"上山"。之所以选择用雄鸡当标志，是因为英一郎先生一直将《史记》[*]中的"宁为鸡口，勿为牛后"奉为信条。这句话说的是，宁愿在小的团体当中当领头者，也不想在大的团体当中当跟班任人支配。也就是宁居小者之首，不为大者之后。他们希望自己的产品成为卫生用品中的翘楚，于是将雄鸡图案命名为"金鸟"。

---

[*] 此处为原文错误。实际上这句话出自《战国策》。

❶ 1890 年上市的棒状蚊香金鸟香
❷ 大正时代的金鸟螺旋蚊香。右侧印着"最有效"和"金鸟香"等文字

1. 用给人留下深刻印象的电视广告来引领潮流。

2. 毫不犹豫地模仿其他公司的做法。

在报纸上刊登向全国普及除虫菊的广告，是金鸟蚊香广告宣传的开始。之后公司在产品广告上持续投入力量，开始利用店铺海报、珐琅招牌、电视广告和街头宣传等手段宣传自己的产品。1955 年金鸟蚊香开始投放电视广告，1962 年公司正式成立宣传部。

金鸟蚊香电视广告中，最让人印象深刻的是伴随着燃放烟火的声音出现"金鸟"二字，还有"金鸟的夏天，日本的夏天"这句宣传语。这个系列从 1968 年开始投放，到现在已经播放了 50 多年。1994 年烟火文字从"金鸟"变成了"KINCHO"，但烟火的声音和宣传语都得以保留。"金鸟蚊香陪伴人们舒适地度过了日本的夏天。所以'金鸟的夏天，日本的夏天'这句宣传语应该会一直保留下去。但为了防止给人古板陈旧的印象，蚊香的表现方式会随着时代而改变。"大日本除虫菊的上山专务说。

金鸟蚊香有薰衣草、玫瑰和森林香等几种味道。"金鸟原来的目标是少品种和大量生产，但看到其他公司推出了不同的味道，我们也推出了几种味道，用'金鸟会制作出这样的东西'的态度来回答他们。"上山专务说。正是因为对自己公司的产品有自信，才能毫不犹豫地模仿其他公司的做法。

❶ 不同味道的金鸟蚊香
❷ 从左上开始顺时针看，分别是"玫瑰香""微烟香""森林香""薰衣草香"

延续　想让产品长盛不衰需要做哪些事情？

1. 保留除虫菊的香味。

2. 占据"驱蚊产品"的所有品类。

　　蚊香是利用除虫菊中所含的一种名叫"除虫菊素"的天然成分来驱蚊的。现在的蚊香用化学合成的有效成分"拟除虫菊酯"代替了"除虫菊素"。然而"拟除虫菊酯"是没有味道的，只能利用有效成分来驱蚊，却失去了蚊香原有的独特香味。为了弥补这一点，金鸟蚊香在原味版中特别加入了"天然除虫菊的碎渣"。所以它才能维持原来那种让人怀念的味道。

　　最近的研究发现，除虫菊的独特香味能像森林一样刺激人的嗅觉，起到让人放松的作用。"虽然还在研究中，但我们发现让实验对象闻金鸟蚊香和其他公司的蚊香，他们的脑电波有很明显的区别。"上山专务说。将来金鸟蚊香让人放松的秘密应该会被慢慢揭开吧。

　　蚊香燃烧时，真正挥发有效成分的是燃烧部分（约 700~800℃）前 1 厘米左右的部分（约 250℃）。蚊香片和液体蚊香等驱蚊制品，就是利用了这个原理。最近，只需喷一下就能持续 24 小时驱蚊的喷雾也很受欢迎。虽然金鸟蚊香占据了驱蚊产品的所有品类，但现在卖得最好的仍然是金鸟螺旋蚊香这个系列。

❶ 金鸟液体蚊香
❷ 驱蚊喷雾

SINCE
1958

013
东京
TOKYO

本田技研工业
超级幼兽

创业时设计的外形和性能竟然沿用至今，
真是一个奇迹般的交通工具。

继承创始人的思想并不是一件简单的事，但本田公司却将创始人本田宗一郎先生和藤泽武夫先生的杰作不断改良，一直延续至今。它就是超级幼兽（SUPER CUB）。继续制作和销售这款产品，就是对二人思想的传承。他们的思想不但贯穿了整个公司，甚至还延伸到了销售店和海外，打动了很多粉丝的心。所有长盛不衰的经典产品，其中一个共通之处就是开发者的热情。我觉得超级幼兽传达出的创始人的思想，正是构成整个本田公司的根基。

在拥有很多老店铺的京都，做生意的基本原则是"定制"。也就是说，他们不是为了想象中的顾客，而是为了"具体的某个人"去开发产品的。超级幼兽的目标群体是荞麦面店的外卖送货员，这在当时的产品目录上也有所体现。既然设计初衷是工作专用的摩托车，超级幼兽的性能当然非常突出。这一点得到了邮局的认可，于是将它选为邮递员的配送车。在邮递员的频繁使用下，超级幼兽不断改良，性能得到了进一步提高。刚开始邮局专供的产品跟市面上销售的是不一样的，但现在几乎没什么差别了。它强大的性能和体现"用之美"的设计，竟然让人感受到一种类似于民间艺术的美感。实在是太厉害了。

建立独特的销售网络，也是超级幼兽大获成功的原因之一。为了扩大销路，本田公司跟木材商和杂货店等没有摩托车销售经验的店铺合作，借用它们的店前空间进行宣传。超级幼兽能采用这种销售方法的原因是它本身的完成度很高，不用依赖专业的设备和保养。这种崭新的宣传方式颠覆了人们对摩托车的认知，是当时很少有人想到的。

本田公司一直在改良超级幼兽，目的就是让这款产品变得越来越完美。它跟前文中出现的国誉 Campus 笔记本一样，都没有固定的改版时间。本田公司不会为增加销售额而推出打着"第几代"名头的新机型，它每次改版都是因为时代的需要。而且为了方便装卸货物，超级幼兽一直维持在原有的高度。它就是这样一点一点走到今天的。

拥有经典长销产品的企业有一个共同点，就是会努力让相关人员了解并认同公司创始人的理念。比如，日清拉面开设的发明

SINCE
1958

013
东京
TOKYO

本田技研工业
超级幼兽

纪念馆。不断改良产品，朝着创始人构想的未来前进，正是本田这个企业的根基所在。

超级幼兽 超级幼兽是本田技研工业（以下简称本田）的创始人本田宗一郎先生和他的商业伙伴，即当时担任专务的藤泽武夫先生一起开发的小型摩托车。从1958年上市以来，研究人员经常对它进行微调，但其外形和构造等基本点一直没变。在宗一郎先生经手的产品中，外形不变且销售至今的只有超级幼兽。开发时，它的目标是成为"一般人也能使用的新型交通工具"。虽然它的发动机很小，但性能优越，能耗低。而且为了让首次驾驶的人也能很快掌握，本田从零开始开发了四冲程空冷 OHV 发动机、自动离心离合器、17英寸轮胎和树脂材料护腿罩等零件。现在幼兽系列每年的产量约为350万台，累计生产量已突破了1亿台。它在全球15个国家拥有生产地，销售地遍及160个国家和地区

1. 为平民百姓打造的新型交通工具。

　　超级幼兽是将顾客操作的便利性放在第一位开发出来的产品。当时的小型摩托车很容易损坏，耗油量也很高。于是本田便放弃了 50cc 摩托车原有的发动机，为超级幼兽重新开发。他们的目标人群也不仅限于男性，而是设定成"包括女性在内的一般人"。本田公司想打造的是，既非普通摩托车也非小型摩托车的新型交通工具。

　　护腿罩是超级幼兽外形上的一大特色，它史无前例地使用了聚乙烯塑料。这款护腿罩是跟积水化学工业共同开发的。除了保护腿部，它还有遮挡发动机的作用。当时有女性提出"裸露的发动机看起来很可怕"，于是本田公司就设计出了这款造型别致且具有挡风效果的护腿罩。

　　单用脚就能换挡的自动远心离合器，是为了颠覆"操作离合器很难"这个固有印象而打造的。当时的设想是制造出"荞麦面店送外卖时只用一只手也能轻松驾驶"的摩托车。这款产品采用半自动变速器，即使是首次驾驶的人也能快速掌握。整个开发过程历约 1 年零 8 个月。据说，当时担任本田公司专务的藤泽武夫先生在看到样机时就确信它能大卖。为此他提前购买了建造工厂的土地，并设置了可以随时增产的体制。

❶ 1958 年上市的初代超级幼兽
❷ 1960 年的产品广告

1. 拥有本田直属、独立的销售网络。

2. 成为实用型摩托车的代名词。

　　初代超级幼兽的价格是 55 000 日元。当时日本小学教师的入职工资是 9 000 日元,可见这个定价并不算低。然而,可能因为国民经济正好处于上升阶段,超级幼兽一经上市就大受欢迎。那个时候,全日本摩托车厂商的月销售量大约是 4 万台,超级幼兽竟然在一个月里卖出了 3 万台。这个销量实在太惊人了。上市第二年,也就是 1959 年,它的总销量超过了 16 万台。1960 年,本田公司共生产了 56 万台超级幼兽。

　　超级幼兽大获成功后,其他公司也推出了类似的产品。它们也被命名为"〇〇（厂商名）幼兽",但销售至今的只有超级幼兽这一款。超级幼兽脱颖而出的其中一个原因是它拥有独立的销售网络。为了提供良好的售后服务,本田公司与日本各地拥有一定事业基础的人合作,让他们来销售超级幼兽。在藤泽先生的呼吁下,一些诸如木材商、杂货店这样没有摩托车销售经验的店铺也参与进来。在日本上市一年后,超级幼兽进入了美国市场。本田公司以国内的型号为原型,打造了专门为美国定制的版本。他们还在美国进行了大规模的宣传,让本田这个品牌在美国人心中留下了深刻的印象。

在美国进行大规模宣传时的广告图样

1. 与用户一起体验定制的乐趣。

2. 连续 20 多年为粉丝举办交流会。

超级幼兽的实用性很强，所以它刚上市时的定位是商用车。但到了 1990 年代，开始有年轻人定制超级幼兽在日常生活中使用。捕捉到这个信息后，本田公司马上着手开发定制零件，如车座、护腿罩和迷你载重架等。这些零件由本田的子公司 HONDA ACCESS 销售，整体销售额非常不错。于是其他零件厂商也开始追随本田的脚步。它们为超级幼兽开发了很多零件，久而久之用户定制渐渐成了常规。

为了创造与粉丝们交流的机会，本田公司也花了很多心思。从 1997 年开始，位于东京青山的总公司每年都会举办 Café Cub Meeting。这是一个让超级幼兽的粉丝聚集到一起的交流会。后来，京都和熊本等地也开始举办类似活动。这些活动给了用户们展示定制摩托车的机会。

超级幼兽上市后，日本曾经修改过一次交通法，所以它也根据新交通法进行了改版。改版后的尺寸比刚上市时大了一些，很多老用户在购入新车时觉得"不适应这个尺寸"。于是本田就开发了小型幼兽（LITTLE CUB）这个新型号。为了让用户的脚更容易着地，小型幼兽将 17 英寸的轮胎换成了 14 英寸，车座也调低了一些。这个型号的摩托车颜色非常鲜艳，因此广受年轻人的好评。

❶ 小型幼兽。
尺寸比超级幼兽小一些
❷ 举办 Café Cub Meeting 时的情景

1.不断摸索，打造新一代超级幼兽。

　　现在超级幼兽有 50cc 和 110cc 两种。上市后，公司不断对其进行改良，但设计和构造等基本点没什么变化。2014 年，本田将超级幼兽的形状注册成了"立体商标"。这在日本并无先例。可见这是一件多么难得的事。

　　为了迎接未来的挑战，本田还致力于开发新机型。在 1993 年的东京摩托车展（TOKYO MOTOR SHOW）上，本田公司展示了新的概念机型城市幼兽（CITY CUB）。它以超级幼兽为原型，同时搭载了本田的最新技术，目标是成为新一代的私人通勤工具。负责设计的是本田技术研究所二轮 R&D 中心设计开发室的川和聪室长。他认为这个新机型能颠覆超级幼兽商业色彩浓郁的世界观。城市幼兽的外形更加时尚，但是仍然能看出超级幼兽的影子。它之所以没有产品化是因为"还没有解决成本问题"。本田公司没有将它当作高端线发售，就是为了坚守超级幼兽"为平民百姓打造摩托车"的初衷。在 2009 年的东京摩托车展上，本田推出了电动版超级幼兽——EV-Cub。之后他们不断改良，并继续在东京摩托车展上展出。

❶ EV-Cub 是电动版超级幼兽的概念机型
❷ 川和室长为城市幼兽画的设计图

HAL 无水

无水锅

既然是厨具，就要在厨房销售。

到广岛参观无水锅的生产工厂时，首先映入我眼帘的却是停着一排马自达的汽车零件工厂。从厂房林立的区域继续往里走，最深处才是以手工作业为中心的无水锅工厂。HAL 无水本来是靠制造野炊用的铝制饭盒起家的，后来慢慢发展成制造汽车零件的公司，但最后又回到原点重新开始制作铝锅。这真是一个很棒的故事。HAL 无水的总公司坐落在一个悠闲恬静的小镇上。"午饭本来要点便当，但我想带您去看看我常去的定食屋。"说完工作人员就将我带到了一个小食堂里。食堂的吧台上摆着一个无水锅，里面的关东煮咕嘟咕嘟冒着热气。偷偷观察了一下店主夫妇，我意识到这家店就是无水锅最大的活广告，于是禁不住笑了出来。到店里来的人都会拍这个关东煮锅，然后就这样成了无水锅的粉丝。

HAL 无水总公司旁有个二层建筑，入口处写着"料理教室"的字样。我好奇地询问："这里会定期举办料理教室吗？"工作人员回答说，他们每周都会在日本各地举办料理教室。这一点让我很震惊。无水锅的设计初衷是蒸出好吃米饭的工具。随着时代变迁，人们将灶台换成了煤气炉。热源变化后，无水锅也跟着改变了形状。它那因为功能单一而产生的工具感，吸引了主妇们的目光。当然，内部人员也提出过做彩色涂装的想法，但被公司以"涂装会剥落"的理由驳回了。不久，这种简洁单一的工具感，又激起了男性做饭的欲望。

经典产品有一个共同点，就是功能单一。以电风扇和熨斗为例，那些按一下键就能调节转速和温度的，生命周期一般都很长。使用一个时代尖端的技术，就意味着跟这个时代的潮流绑定在一起。只要出现使用新技术的新机型，之前的尖端机型马上就显得陈旧起来。社会上的潮流和企业对产品的快速更迭，会让消费者无法静下心来生活。买到了一个很棒的锅，如果可能的话，想用它给心爱的人做一辈子的饭。无水锅就能做到这一点。它像商用产品一样结实且功能单一，坚持使用单色，从不大力宣传自己，连销售方式也是由指派到各地的推销员以料理教室的形式售卖。从无水锅身上，似乎可以看到灶台时代一家人悠闲自得、其乐融融的样子，所以人们才会产生用它给家人做饭的想法。

SINCE
1953

034
广岛
HIROSHIMA

HAL 无水
无水锅

无水锅　无水锅是由广岛铝制品工业生产的铝合金材质的厚铸造锅。它诞生于 1953 年。无水锅的总经销商 HAL
无水常年与日本农业协同工会（JA）合作，进行面对面的讲解销售。无水锅之前没有采用分销的方式，1994 年，他
们推出了模仿无水锅刚诞生时设计的复刻版。现在的无水锅可以在电磁炉上使用，而且在百货商店和日用品店都
有销售。"无水锅"和"マイス（无水）"这两个名称均为 HAL 无水的注册商标。无水锅获得了 1994 年的日本优良设
计奖（Good Design Award），以及 2011 年的日本长青设计奖（Good Design Long Life Design Award）

1. 能蒸出美味米饭的煤气炉专用锅。

"二战"后，日本家庭的厨房热源从灶台变成了煤气炉。当时很多人直接将灶台用的羽釜（日本传统锅具）放到煤气炉上使用。但是羽釜无法平稳地放在煤气炉上，蒸出来的米饭当然也不好吃。发现这种情况后，从大正时代开始生产羽釜的广岛铝制品工业，便开始着手开发"在煤气炉上也能蒸出美味米饭的新锅具"。

材料跟羽釜一样，也使用传热效果好的铝合金。生产时采用铸造工艺，具体做法是将熔化的铝倒入金属模具中。煤气炉的火比灶台小，所以想蒸出美味的米饭就要模仿羽釜的构造。羽釜的木制锅盖可以严丝合缝地盖在锅上，这样蒸汽跑不出去，锅的内部就能保持高温均衡的状态。为了达到这个效果，广岛铝制品工业千方百计地消除了锅身与锅盖之间的缝隙。他们对锅的厚度、高度和锅盖的重量进行反复验证，差不多用了两年时间才开发出这款锅具。

广岛铝制品工业将完成的锅具命名为"国王印无水营养锅"，并且在锅盖上刻印了国王的头像。这款锅具的设计初衷是蒸出美味的米饭，但因为密闭性良好，烹饪时只用蔬菜的水分就能将其煮熟。这一点是在开发完成后才发现的。用这个锅做出的菜不但味道浓郁，营养价值也高，所以将它命名为"无水营养锅"。

❶ 刚上市的无水锅
❷ 刻印在锅盖上的国王头像

1. 跟人们一起分享做饭的乐趣。

2. 为了守护原点而发售的复刻版。

　　1953 年无水锅刚上市时，价格大概是普通上班族入职工资的 1/3。当时负责销售的人认为，像无水锅这样的高级锅具，一定要好好地向人们传达它的魅力和价值。于是他来到人流多的地方，亲自演示锅的用法，并进行现场销售。"在那个时代，人们对食物紧缺和营养失调有着切身的体会，大家都希望吃一些好吃的东西并保持身体健康。销售人员在介绍无水锅的同时，也顺便向人们传达了健康方面的理念。"HAL 无水的营业综合部部长山元秀树这样说。

　　对农户来说，能将自己种出的蔬菜做成营养又美味的食物，是一件令人高兴的事。HAL 无水进行现场演示时，参与的人能一起享受烹饪的乐趣，这样慢慢形成口碑传播，销售额也随之上涨。HAL 无水的高品质产品和改善人们饮食生活的活动受到了 JA（日本农业协同工会）的认可，它成了 JA 的指定业者。到现在，HAL 无水跟 JA 已经合作了 40 多年。在此期间，HAL 无水不但增加了无水锅的品类，还坚持与 JA 一起举办料理教室兼讲习销售会。

　　1994 年，HAL 无水推出了模仿无水锅刚诞生时设计的复刻版。他们这么做的目的是守护无水锅的原点。现在，日本的很多百货商店、杂货店和生活用品店都在销售无水锅。

❶ 料理教室兼讲习销售会每年都会制定一个主题，来向人们传达健康知识
❷ 工厂附近也有能举办料理教室的场地

1. 灶台、煤气炉，接下来是电磁炉。

2. 将无水锅的技术运用到汽车零件上。

　　本来铝制的锅具是无法在电磁炉上使用的，但随着电磁炉的普及，HAL无水也开始研发能在电磁炉上使用的锅具。1985 年，HAL 无水与电力公司和家电厂商合作，开发出了在铝表面喷涂特殊磁性发热材料的技术。2000 年，HAL 无水开始试卖，然后逐渐实现商品化。"我们能研制出这件产品，都是靠广岛铝制品工业的技术基础"山元部长回顾往昔时这样说道。

　　目前，HAL 无水正在重塑品牌形象。"今后我们想继续拓宽市场。"营业综合部部长门协健太郎说道。HAL 是广岛铝制品工业在海外市场的品牌名。现在广岛铝制品工业的主要业务是制造汽车零件，在日本以外的地方也有生产基地。广岛铝制品工业在日本国内的销售额约为 860 亿日元，其中汽车零件占大部分。制造汽车零件的技术基础，就是生产无水锅时使用的铸造法。广岛铝制品工业从制造小零件起家，如今连变速器和引擎等大型零件都能独立生产。从这一点也能看出，无水锅使用的铸造技术有多么高超。"对广岛铝制品工业来说，无水锅是制造的原点。今后我们也会将它延续下去。"营业部的能美忠彦课长如此说道。

❶ 能在电磁炉上使用的无水锅
❷ 机器将熔化的铝倒入金属模具的场景

1. 贯彻工具感。

2. 经年累月的使用痕迹会形成一种独特的味道。

很多厨具厂商都推出了以"无水烹调"为卖点的不锈钢制或铁制锅具。市面上还有其他新潮的锅。跟它们相比，无水锅会显得有些粗糙。"关于锅的颜色，我们讨论过很多次。但还是觉得加了颜色会让无水锅失去本身的美感。"山元部长说道。

无水锅所用的原料是一种被称为"原铝"的高纯度铝，用一体成型的方法制成，所以耐腐蚀性非常高。无水锅保留了铝的原色，即使有划痕也不明显。它没有多余的装饰，有使用痕迹看起来反而更有味道。通过长久的使用，将无水锅打造成"自己独有的锅具"，对它的感情也会越来越深。据说，持续使用无水锅 50 年以上的人也不在少数。HAL 无水还会将无法使用的无水锅回收。回收的锅具会被熔化成液态铝进行循环使用。

HAL 无水一直采用现场演示的销售方法，"为了让初次经手的店铺了解无水锅的使用方法和它受人喜爱的理由，会专门面向他们召开讲解会"，门协部长说。为了让销售店铺也能理解品牌的价值，HAL 无水打算将"源自广岛"也变成品牌的一个标签。

❶ 纯度很高的"原铝（virgin aluminum）"。无水锅就是将它熔化后制成的
❷❸ 无水锅的锅身和锅盖。锅盖也可以当成平底锅使用。这是一款集蒸、煮、焖、烧等 8 项功能于一体的万能锅

成为经典
对谈

× 钝设计研究所

水户冈锐治

带着兴奋的心情
创造出的东西，
有种将时间和成本置之度外的力量
和奇迹般的品质。

　　听到"最尊敬的设计师是谁"这个问题时，水户冈先生毫不犹豫地回答了"迪士尼"。因为他对迪士尼缔造的"优质的娱乐感"和"孕育出这种娱乐感的思想"很有共鸣。

　　就是让创造者和使用者都能产生兴奋和期待的心情。"如果能做出谁也没见过的东西，大家一定会吓一跳的！让工作人员抱着这样的想法去创造，他们一定能展现出前所未有的力量。"在这次采访中，水户冈先生这样说道。

　　设计师经常将工作项目当成是自己的作品，而且对实际操作的职人有种转交工作的态度。一个项目是"大家共同创造的梦想"，如果只把它当工作来看待的话，就只剩下成本和时间的问题了。水户冈先生设计的列车，跟其他模仿的所谓"水户冈风格列车"的最大区别是，所有工作人员齐心协力、怀抱梦想进行创造的制作过程，还有这个过程所创造的奇迹般的品质带给客户们的笑容。职人们带着兴奋的心情，能发挥出平时工作中想象不到的力量。创造一件东西，不但要符合人们的期望，创造者本身也要兴奋和有所期待。

　　水户冈先生将"独一无二"当作常识来看待。他曾说"我不会创造会产生竞争的东西"。竞争会引起成本比较和对创造者的压迫，所以一定要创造别人模仿不来的东西。这次采访让我对工作这件事产生了思考。设计师的工作就是让所有相关人员都能保

持兴奋和期待的心情。所以一定要把握好专业知识和职人之间的关系。设计不单单是创造出很棒的东西，还要创造出让人们珍惜的情绪。这是这次采访中我体会到的东西。

水户冈锐治　1947年出生。1972年成立钝设计研究所。1988年设计了怀旧列车 AQUA EXPRESS（JR九州），从此开始参与列车相关的设计工作。目前担任 JR九州和两备集团（Ryobi Group）的顾问

照片提供：九州旅客铁道、钝设计研究所 / 摄影：川井聪

1. 设计师是客户意识的执行者。

2. 以独一无二为目标。

3. 勾起大家想挑战的情绪。

长冈　水户冈先生从事 JR 九州的设计工作已经超过 30 年了，下面我们想让您谈谈对"创造、销售、流行和延续"这几方面的看法，来当作这次访谈的番外篇。您觉得那些一直受人们喜爱的东西，是怎样被创造出来的呢？

水户冈　不要总想着创造出特别的东西，这是我一直强调的。设计师并不是作家，也不是在创造自己的作品。我们只是代替客户创造东西，是客户意识的执行者。创意也不是我一个人想出来的，有些是跟客户对话时产生的，有些是在看报纸和杂志时获得的灵感。

　　我的目标是创造出独一无二的东西。发现那些没人涉足或是已经被遗忘的东西，然后以高品质的形式把它呈现出来，我认为这是最重要的。专业人士对色彩、形状、材料和易用程度等方面的认知比一般人高很多，所以他们能从各个角度审视一件东西。然而，这个世界上的东西大多是 40 分到 50 分，根本达不到 60 分。它们连一些必要条件都没有满足。作为一个专业设计师，我的目标是达到 60 分以上，也就是朝着事物本该有的样子去努力。

　　我只是负责在图纸上画出自己的设计，进行实际操作的是现场的职人。"我想用这种材料创造出这样的东西"，像这样将自己的热情传达给职人，他们也会尽力去协助我。人在做想做的事时能发挥出超乎寻常的力量，做不想做的事则根本不会上心，这是大家都知道的常识。日本有很多职人都没有发挥出 100% 的力量。只要给他们机会，他们一定能创造出很多看似无法实现的东西。与职人在一起，我们总是能探讨出新的材料或操作方法，然后大家一起努力去挑战。这样就可能用一半的时间和成本，去完成以前几倍的工作。价廉、快速、巧妙。这是我工作的特征之一。我就是这样在 JR 九州工作了 30 多年。

1. 站在使用者的角度考虑问题。

2. 设计出让工作人员也能感动的空间。

长冈 要勾起大家想挑战的情绪是吧。

水户冈 举个例子,我在设计列车内部装饰时,是按照设定好的概念和以往的经验选择材料的。木材和真皮这样的天然材质耐久性差、玻璃碎了之后很危险,这些是站在生产者和销售者角度考虑的问题。按照这种规则创造出的列车,充其量只能达到 50 分到 55 分。实际乘坐列车的人,应该对某些地方不太满意。而我的工作就是尽量去消除这种不满。如果材料因为安全问题无法使用,我会想方设法地去解决。我会将那些以前被视为禁忌的颜色、材料和形状组合起来,努力摸索可能的使用方法。

不吝惜时间和精力,花费大量心思做出的空间,会让人感受到一股能量。其实每个人身上都有像感应器一样的东西。创造出充满能量的空间,列车内的工作人员也会更加专注。舞台装置完备,开启灯光和音乐,由一流的厨师制作料理——穿上这样的空间制服,工作人员会像演员一样投入到自己的工作中,然后慢慢成长起来。这对乘客也有同样的效果。七星列车需要提前一年预约。为了得到一次完美的旅行,乘客们会自然而然地扮演完美的角色。因为这是一个充满能量、让人感动的空间。而创造这样的空间,就是我们设计师的工作。

1. 追求潜在的舒适度。

2. 将文化纳入设计中。

长冈 请说说您对流行的看法。

水户冈 有些东西不符合潮流，却让人很舒服。我想设计的就是这种身体和心灵潜在追求的东西。比如说，将完全符合人体工学的完美椅子和天然木材的椅子放在一起比较，即使木质的椅子坐起来稍微有点不舒服，人们也会下意识地觉得它是"好东西"。因为一旦遭到废弃，肯定是木质椅子对环境的伤害少一些。这种感觉连小学生都具备。

当然，所有东西都用天然材料制作是很难做到的。用有限的预算创造出最好的东西，正是我们的工作。跟具有这种价值观的伙伴一起努力工作，分享感动。这是我今后的工作方针。

追求经济和便利性，同时将文化纳入其中。想实现这一点是很难的，但大家内心深处都在努力尝试。如今，社会潮流终于不再向经济一边倒，开始愿意为效率不高又花费时间的文化投入金钱。

虽然潮流在慢慢扭转，但试图反抗的企业也不在少数。它们知道利润下降会让产品变得更好，却迟迟不愿实行。我觉得我们现在正在面临一个过渡期。

1. 为了使用者，彻底变身成利他主义。

2. 创造出让孩子兴奋的环境。

长冈　看来流行这个词的含义已经改变了。那么，我们最后来谈谈"延续"吧。在水户冈先生设计的作品中，延续时间最长的是什么呢？

水户冈　在 JR 九州的工作中，只要是我从头开始设计的，基本都还在使用。比如观光列车、车站和站台等，这是综合考虑乘客和时代需求的结果。30 年前的 JR 九州是一个亏损严重的企业，现在竟然扭亏为盈，而且还上市了，我真是没有想到。他们踏踏实实地进行设计，把安全、安心当作首要理念，然后慢慢使它成长为地域密集型企业。

　　创造、销售、流行和延续，这些概念都是跟人有关的。"我要创造出新的东西，来让大家开心"，如果没有这样的想法，做出的东西再好也经受不住时间的考验。认真地为使用者考虑，努力变成利他主义。这不是一件简单的事，但却是我想追求的。

　　人们追求的东西，渐渐从物质变成了体验。"不想要物质的东西，希望有一场邂逅或是跟人分享快乐的时间。"现在连年轻人也产生了这样的想法。但是要获得强烈的感动，就必须拥有相应的经验值。孩童时期受到的触动，会对成年后的人生产生很大影响。所以我们成人一定要努力为孩子创造能让他们兴奋的高品质环境。

　　请各位设计师回忆一下自己小时候的事。那些令你感动的体验，一定伴随着一个个故事。将它们跟工作联系到一起，就可能创造出新奇又令人怀念的具有普遍性的作品。

013
东京
TOKYO

养乐多总公司
养乐多

长冈贤明的点评

"每天"为你配送的健康节奏。

养乐多的员工们一直称呼创始人代田稔为"老师"，这一点充分体现了他们的企业文化。所谓的"代田理念"被贯彻得非常彻底。我向养乐多各个部门的人询问了原因，但没人给我确切的回答。我以为会有小册子之类的东西，其实压根就没有。正因为市面上几乎没有类似的产品，才要不断研究。养乐多贯彻了代田先生创业时的理想，所以整个企业才会呈现出这种不容置疑的状态。据说，养乐多是发表菌类相关论文最多的企业。虽然已经拥有很多畅销产品，但养乐多还是会根据环境的变化，不断地对产品进行改良。

养乐多独创了一种名叫"养乐多妈妈（Yakult Lady）"的上门销售模式，而且已经将它推广到了世界各地。我本来以为这种模式是日本独有的，结果发现并非如此。现在全世界大约有 8 万个养乐多妈妈，其中有 3.6 万人是在日本。真是太惊人了。为孩子年龄较小的养乐多妈妈开设专门的托儿所，也是长时间摸索出来的模式。"利用碎片时间工作"和"关心周围人的身体健康"这两个现在很流行的理念，养乐多从很早以前就开始身体力行了。

用配送上门的形式向客户讲解产品，在当时也是非常新颖的。这种做法的某些方面，跟京都老铺提倡的"定制"理念，还有"不是为想象中的顾客，而是为具体的某个人开发产品"的经典长销品基本法则相吻合。

养乐多在日本是家喻户晓的产品，但这种知名度也会带来一些烦恼。正因为是行业的领军者，人们会对它有一些固有印象，这种印象是很难改变的。比如向人们询问养乐多时，很多人都说它是"孩子喝的东西"。养乐多公司不会层出不穷地推出新产品，所以这种印象已经深深地印在人们的脑海里。现在养乐多要做的不是让人们认识自己的产品，而是向人们传达自己想传达的观念。我觉得养乐多妈妈每天配送上门时跟客户的面对面交流，是其中非常重要的一环。

养乐多长盛不衰的原因是每天饮用能保持身体健康的理念。每天配送上门的方式，让养乐多和各个地区建立了联系。它所提倡的这种生活节奏让人很安心。

养乐多总公司
养乐多

养乐多 养乐多的创始人是医学博士代田稔先生。在代田先生还是医大学生的1920年代，很多人死于霍乱和痢疾这样的传染病。看到这种情况，代田先生很心痛，于是他立志创立一种防止人们患上这些疾病的预防医学。代田先生投入微生物的研究中，他发现乳酸菌能抑制肠道中的有害细菌。1930年，他尝试将活着的乳酸菌投入肠道中，并用这种方法成功地进行了乳酸菌的强化培养。这种乳酸菌被称为"代田菌"（学名为干酪乳酸菌代田株）。为了让更多人有机会摄入这种乳酸菌，代田先生将它研制成了一种便宜又好喝的饮料。1935年，这款饮料被命名为"养乐多"并开始正式销售。养乐多（Yakult）这个名字是从世界语中代表酸奶的单词 Jahurto 转化而来的

1. 设计出像牛奶瓶一样脍炙人口的容器。

2. 让人第二天还想饮用的容量。

　　养乐多是 1935 年开始生产和销售的，当时使用的容器是玻璃瓶。1963 年养乐多着手开发新容器，1968 年塑料容器正式诞生。负责设计的是工业设计师剑持勇先生。养乐多对设计方案提出了两点要求。一是外观上要"让人有亲切感，有意思，不容易看厌，符合餐桌的氛围"；二是性能上要"方便饮用，但不能让人一口喝完，能适用于强度大的制造过程"。根据这两点要求，剑持勇先生设计出了像日本的传统小木偶一样的造型。

　　新设计出的塑料容器有个独特的凹陷部分，这样不但容易拿取，喝的时候也不会一下将瓶里的液体倒出，可以慢慢享用。据说当初设计时，养乐多就打算持续使用几十年，让它变成像牛奶一样脍炙人口的容器。最后的结果跟他们想的一样，这款容器到现在还在使用。2011 年，养乐多瓶身的形状被注册成了立体商标。

　　喝养乐多能维持肠内菌群的平衡，调整肠胃的状态，所以最好坚持每天饮用。一瓶养乐多的容量是 65 毫升，看起来似乎有点少，但这样能让人产生"明天也要喝"的欲望。设置成这个容量，就是为了让人们养成每天饮用的习惯。

❶ 1950 年代前期，养乐多一直用细长的玻璃瓶当容器
❷ 换成塑料瓶之前所用的容器
❸ 1968 年正式换成了塑料容器。
图中是当时的包装样式。从容器到里面的饮料，都是养乐多公司自己生产的

1.用上门配送的形式传递价值。

2. 与守护家人健康的主妇合作。

　　刚上市时，养乐多就制定了"直接向客户传达产品价值"的销售理念。如今，摄入乳酸菌是一件很平常的事。但在 80 多年前，人们普遍认为菌类都是病原菌，所以在销售时必须向大众传达"代田菌"真正的价值。为此，养乐多开始培养熟悉公司理念和产品特性的销售人员，并构建了配送上门的销售体系。当时负责销售的是"代田保护菌普及会"。后来销售活动慢慢扩展到全国，为了统筹这些组织，1955 年养乐多总公司正式成立。

　　1963 年，养乐多公司导入了独创的"妇女销售系统"，也就是现在还在实行的"养乐多妈妈"上门配送服务。这个销售系统是代田先生提出的，他认为平时守护家人健康的主妇能认识到养乐多的价值并将它传达给身边的人，是一件很好的事。这样主妇们不但可以兼顾家务、育儿和工作，还能守护更多人的健康。

　　养乐多于 1964 年进军中国台湾。现在包括日本在内，全球 38 个国家和地区都在生产和销售养乐多。这些国家和地区不但使用跟日本一样的包装，还引入了养乐多妈妈的销售体系。目前日本大约有 3.6 万个养乐多妈妈，日本以外的地区大约有 4.5 万人。日本国内的养乐多妈妈年龄跨度非常大，从 20 岁到 80 岁都有。

使用轻便的塑料容器，能够减轻养乐多妈妈的负担。
养乐多妈妈没有年龄限制，甚至有连续工作 50 年的人

1. 希望成年人也能饮用。

2. 摆在便利店的显眼新设计。

在日本，养乐多的认知率已经超过了 90%。养乐多是一款销售时间很长的经典产品，很多人第一次喝它都是在小时候。所以在群体访问中，有不少人对养乐多的印象是"小孩子喝的饮料""很让人怀念"。

每天摄入养乐多能维持肠内菌群的平衡，这一点无论是对孩子还是大人，都是很重要的。实际上，压力大而且饮食生活不那么规律的成年人，反而更应该饮用。为了宣传这一点，养乐多将广告的重心放在了成年人身上。在电视广告中，他们不会局限于产品本身，而是以"代田菌"作为诉求点。

如今，养乐多的品类也慢慢丰富起来，除了经典产品，还有 New 养乐多和上门配送专用的养乐多 400 等。超市和便利店里销售的主要是 10 瓶或 6 瓶一排的养乐多。由于养乐多的容量很小，所以只有养乐多妈妈上门配送时才会单瓶销售。

不过，很多顾客反映想"在店里买了就喝"。于是养乐多开发了便于一次喝完的"每日饮用养乐多"。这款产品从 2015 年 11 月开始在 7-11 便利店销售。它的内容跟经典的养乐多一样，但换了容器。为了让这款产品在卖场更显眼美观，养乐多公司为它设计了全新的包装。

❶ 从 2017 年 4 月开始投放的电视广告
❷ "每日饮用养乐多"的容量是 100 毫升。比 New 养乐多还多 35 毫升。它从 2016 年 11 月开始在 Seven&I Holdings 旗下的超市销售，整体销售情况良好

延续　想让产品长盛不衰需要做哪些事情？

1. 传承至今的"代田理念"。

2. 养乐多与科学。

　　2015 年，养乐多迎来了创业 80 周年。而这一切的原点，正是代田先生的热情和探索心。整个养乐多公司用"代田理念"的形式继承了他的精神。所谓代田理念，主要有三方面的内容：一是在患病之前做好防范的预防医学的重要性；二是维持肠道健康能使人延年益寿的"健肠长寿法"；三是"用所有人都能接受的价格为大众提供健康"。

　　除此之外，代田先生的"真心""人和""感谢"等思想，也被纳入了"代田理念"中。养乐多的员工们将代田先生尊称为"老师"，总公司的每个员工和各个店铺的养乐多妈妈都要接受"代田理念"的培训。这种培训非常严格，而且员工在升职时，还要重新培训一次。

　　创业以来，养乐多一直在做以肠内微生物为核心促进人类健康的研究，并取得了很多成果。公司发表了大量的论文，还建立了尖端的研究机构养乐多中央研究所。2016 年被养乐多定为科学年（science year），他们开始在电视上投放以"科学养乐多"为主题的广告。今后，养乐多打算继续用研发能力和技术能力来吸引消费者。

❶ 医学博士代田稔先生（1899~1982）
曾经担任养乐多总公司董事长兼养乐多中央研究所所长。
一生致力于肠内细菌的研究和预防医学的普及
❷ 2016 年 4 月建成的尖端的研究机构养乐多中央研究所

鶴屋吉信

只有"人"才能做到的事。
只有"人"才能感知到的东西。

长冈贤明的点评

　　如今，我们进入了一个人工智能和科学技术飞速进步的时代。之前的手工操作渐渐被一些高科技的机器所代替。有个陶艺家曾说过"机器能做到的事，就让机器去做吧"，而"机器做不了的东西应该由人去做"。

　　1803 年创立的鹤屋吉信很早就认识到了手工作业的价值，除了极少数的机械化流程，他们一直坚持纯手工操作。"我们是日式点心店，不是日式点心的制造商。"工作人员在采访时说的这句话充分体现了鹤屋吉信的理念。随着时代的发展，我们的生活环境发生了翻天覆地的变化。鹤屋吉信一直试图用日式点心传达那些在任何时代都不会改变的重要的东西。"季节感"就是其中之一。在日本的季节活动中，日式点心是不可或缺的东西。鹤屋吉信坚持用人工一个个亲手制作。人们在吃点心时能感觉到他们蕴含在里面的心意。有一次，鹤屋吉信接到了一份预订 2 万个红薯馒头的订单，而且要在 1 天内交付。当时所有员工一起上阵，努力赶出了这份订单。如今，我们生活在一个能够认同这种"手作价值"的时代。但在之前的高速成长期，用机器量产才是有价值的。正是因为在那个时期也一直坚持手工制作，鹤屋吉信这个品牌才会有现在这样的说服力和影响力。"日式点心要趁最好吃的时候吃掉""让人们亲眼见识一下日式点心职人的技巧"，为了向大众传达这两个信息，鹤屋吉信大胆地采用了有开放式吧台的店铺设计。不宜存放的东西让顾客当场吃掉。这种做法中蕴含着现代人快要忘记的生活理念，它让人们摒弃机械化的想法，慢慢去认识和体会那些"只有'人'才能做到的事"。

"我们正在京都的龟冈地区建造新工厂，目标是 2018 年竣工。"负责生产的董事松本国良先生这样说道（该文发表于 2017 年）。听到这句话，一般人会联想到使用尖端机器的无人工厂，但其实这个工厂新建的只有厂房而已。鹤屋吉信仍然在努力保持纯手工制作的方式。他们将新厂房称为新工厂的样子看起来非常可爱，同时呈现出正在延续某种重要之物的姿态，实在让人心生敬意。

京都制造业的原则是"我为了你而制作"的定制精神。在如今这个人们越来越认同手工价值的时代，鹤屋吉信这间 1803 年创立的日式点心老铺，正在用美味的点心慢慢传递一些重要的理念。

鹤屋吉信

鹤屋吉信 1803年创立于京都的日式点心老铺。创立者是初代鹤屋伊兵卫先生。现在的社长是第七代传人稻田慎一郎先生。第120页图片中的点心名叫柚饼,它是在柚子味的求肥(一种米粉制成的饼)上撒上和三盆(日本的传统砂糖)制成的一口大小的点心。这款点心是在1868年由第三代鹤屋伊兵卫先生发明的。它持续销售了大约150年的时间,是鹤屋吉信的代表性点心之一。据说它是在一场错误中诞生的。当时工作人员弄错了材料的配比,由于已经无法制作成产品,鹤屋伊兵卫先生就尝试着加入青柚子,并撒上了和三盆。没想到的是,做出来的点心竟然非常好吃,于是鹤屋吉信便将它命名为"柚饼"并开始正式销售

1. 不会配合机器做出改变。

　　除了京都总店、东京店和世田谷店等直营店，鹤屋吉信在各地的百货商店也设有店铺。大大小小的店铺都算上的话，目前共有 80 多家。鹤屋吉信共有6 处生产点，但为了提高效率，将来打算集中到一处。现在鹤屋吉信正在京都龟冈地区建造新工厂，目标是 2018 年正式投入使用（该文发表于 2017 年）。这个工厂中机械化的只有一小部分。主要的作业还是由职人们亲自完成。

　　"为了制作出好东西，不吝惜材料和人工。"这是鹤屋吉信的家训。在材料和制法上决不妥协，是他们继承下来的传统。比如在红白馒头中很有名的"红薯馒头"，就是由职人们一个个亲手包成的。接到特殊订单时，1 天要包 2 万个。"现在机器也能包馒头，但成品的味道跟手工包的是没法比的。将流程机械化时，需要配合机器改变面的配比。这样做出来的就完全是另一个东西了。"负责生产的松本国良董事这样说道。负责销售的小西稔董事也说过："虽然赚钱很重要，但有些地方是无法机械化的。如果能完美地再现手工制作的外形和味道，机械化当然也可以。但以现在的技术还实现不了。"

❶ 明治和大正时期的鹤屋吉信总店。门口的招牌上写的不是店名，而是"京都名物 柚饼"。这几个字是日本文人画家富冈铁斋题写的
❷ 生产代表性点心之一"京观世"时的场景。这是昭和中期的照片

1. 不刻意宣传"手工制作"和"老铺"这些点。

　　鹤屋吉信的生产以职人的手工操作为中心，所以不会被机械的生产线所束缚，能够按照需求自由地调整生产数量。接到数量庞大的订单时，鹤屋吉信会选择用人力来应对。从制作到包装全部由员工亲自进行，忙不过来时会找其他部门的人帮忙。这种全体员工齐心协力亲手制作的事，本来是一个很好的营销点，但鹤屋吉信却从来不大力宣传。"有些吸引人的营销点，我们反而不会去大力宣传。这种做法也是企业文化的一种体现吧。"营业企划室制作课的八重尾祥子小姐这样说。

　　这种克制的姿态，与京都特有的美学意识也有一定的关系。它和日式点心的设计有着异曲同工之妙。举个例子，用"油菜花的黄色和蝴蝶"表现春日景色，是东京的风格。京都则会省略"蝴蝶"，只用"油菜花的黄色"来表现。"不直接使用春天的元素，只用颜色来突出氛围，给人们以想象空间。这是京都人都会懂的共通意识。但现在鹤屋吉信在其他地区也开设了店铺，所以设计风格上也渐渐在向直白的方向转变。"小西稔董事说。鹤屋吉信的代表性点心柚饼是 1868 年发明的。包装上的柚子和书法，是由喜爱柚饼的文人画家富冈铁斋所绘制题写的。鹤屋吉信曾经对这款产品的包装设计进行过改版，但上面一直保留着铁斋先生的书画。

❶ "柚饼"现在的包装设计。
2015年鹤屋吉信进行了改版
❷ 柚饼包装盒上使用的富冈铁斋的书画

1. 在保留传统的基础上，
对日式点心的概念进行升级。

　　京都的日式点心老铺集结起来，组成了一个名叫"果匠会"的组织。它起源于江户时代奠定京都点心文化传统的"上果子屋伙伴"，现在除了鹤屋吉信，还有 18 家日式点心老铺参与。果匠会每年会举办两次名为"献茶会"的活动，各家店铺可以展示自己新创作的日式点心。每次献茶会都有一个主题，也会设置相应的茶席。"大家以《源氏物语》和《岁时记》等体现京都点心背景的历史著作为基础，围绕主题自由发挥。参加这种活动不需要考虑预算，是培养职人思考能力的一个好机会。"松本董事如是说。鹤屋吉信会先在社内进行评比，从众多候补中选出最合适的作品放在献茶会上展示。评价好的作品会被纳入新产品的考虑范畴之内。

　　除了与其他老铺一起守护京都点心的文化传统，鹤屋吉信还致力于为日式点心文化注入新的概念。其中比较有代表性的就是在 JR 京都站八条口 1 层开设的店铺 IRODORI。IRODORI 销售的是将现代理念融入传统日式点心中的原创产品。琥珀糖是一款运用粉彩色系（Pastel Color）的棒状点心。它采用了茉莉、甘菊这些鹤屋吉信从来没使用过的香料。主要销售对象是 20 岁到 30 岁的女性。现在很多人把它当成京都特产买来送人。

❶ IRODORI 的店铺。
设计和装潢由 Dynamite Brothers Syndicate 公司负责
❷ IRODORI 的原创产品琥珀糖。这款产品也是由职人们一个个亲手制作的

1. 不会成为日式点心的制造商。

　　在鹤屋吉信的京都总店和位于日本桥 COREDO 室町 1 层的东京店，设有能让顾客品尝到刚做好的点心和抹茶的"果游茶屋"。这间茶屋像寿司店一样采用开放式吧台设计，由职人当场制作应季的点心。顾客们能亲眼看到职人制作点心的过程，而且可以跟职人聊天。鹤屋吉信开设这种店铺是为了向人们传达手工点心的美味，还有日式点心的文化。

　　鹤屋吉信在点心的创意和包装设计上有个共通的理念。那就是"高雅华丽"。"一定要高雅华丽，这是前代社长的口头禅。'高雅华丽'给人的印象是像春日霞光一样的淡色调，但它本来的意思是典雅而有气势的明朗色调。所以我们很少使用让人难以理解的颜色。"八重尾先生解释道。鹤屋吉信的产品开发是跨部门进行的。有社长本人提出的想法，也有策划负责人根据季节设计的产品。有时还会向生产部门征集创意，然后进行社内评比。鹤屋吉信有很多产品，而且在日本各地都设有店铺，但他们却不是日式点心的制造商。"我们不会将利益放在第一位，而是致力于守护日式点心店的良好传统。所以'大型日式点心店'这种称呼是最合适的。"松本董事如此说道。

❶ 位于总店2层的"果游茶屋"。1992年开设
❷ 应季点心"紫阳花金团"

龙角散

龙角散

不会放到药箱里的
独特家庭药。

长冈贤明的点评

　　龙角散的第八代传人——社长藤井隆太，在日本高人气经济
类节目《寒武纪宫殿》中也能侃侃而谈、口若悬河，甚至连主持
人都要跟着他的步调走。除了口才好，他还很有行动力。但是长
笛演奏者的经历，又让他身上多了一些与经营和商业无关的禁欲
感和美感。完成这次采访后我意识到，正是他的这种性格和经历，
给龙角散增添了一些人情味。演奏乐器主要靠表现力，这是机械
做不到的。"想听那个演奏家奏出的曲子，一定要让人产生这样的
想法。如果是可以替代的，就没什么意思了。"藤井社长曾这样描
述产品开发的过程。"在舞台上，要时刻观察听众的反应，然后依
据这个来改变自己的演奏，否则就无法称为一场好的演奏会。"他
还会用乐器演奏来比喻社会情况，真是一个有趣的社长。这次采
访虽然有龙角散的宣传人员在场，但回答问题的主要还是社长本
人。因此我们能从中得到只有身居第一线的人才知道的信息。

　　"用健康来赚钱是件很奇怪的事。"藤井社长如此说道。"不
会谋取多余的利益"，他也曾这样说。因为只考虑利益会扭曲本
身想传递的健康理念。不过"创造出好的东西，会全力以赴地推

广"。所以龙角散总收益的三分之一都被投进了电视广告里。让产品变得超有名,可以减少销售人员的数量。既然那么受欢迎,就一定要保证产品的供应。龙角散最新的接近无人的高效制造工厂,便是为此设置的。面对入境者的"爆买行为",也有一定的策略。为了打开海外市场,龙角散与太田胃散、正露丸、浅田饴、KINKAN(金冠)等家庭常备药品牌组成健康联盟,掀起了一股潮流,引得当地媒体争相采访。藤井社长真是个敢想敢做的人。

相信很多人都记得 The Drifter(日本 TBS 电视台 5 人组合。编者注)的搞笑视频中,加藤茶和志村健被灭火器喷得一身白的场景。那些白粉其实是对健康有益的龙角散,这一点却几乎不为人知。如果放入药箱,龙角散就会变成普通的药物。那么如何让人们把它从药箱中拿出来,找个地方单独放置呢。从上一任社长开始,龙角散公司就设立了不可动摇的独特的产品开发和经营理念。龙角散最新的电视广告,竟然请来了秋田县的知事[①]。他们究竟是如

---

① 知事:日本都道府县行政区的首长,相当于中国的省长。

SINCE
1871

013
东京
TOKYO

龙角散
龙角散

何说服知事登上广告的，这一点不得而知。不过，一定是龙角散的某种理念和想法打动了他，他才决定亲自向世人推荐这个品牌的。

"咳嗽，就吃龙角散！"——从过去日本飞速发展的时代，到现在的高科技时代，为了保持长盛不衰，龙角散下了很多功夫。这让我认识到，要想成为经典的长销产品可不是件简单的事。

龙角散　龙角散起源于江户时代中期，原本是秋田藩（藩主佐竹侯）的御用医师藤井玄渊配制的一款咽喉药。它诞生在200多年前，之后就一直被秋田藩当作家传药。给龙角散命名的是第三代传人藤井正亭治。为了医治家主的哮喘病，他努力学习西洋知识并改良配方，从而确立了现在的配方。明治维新后，藤井家于1871年在东京神田创业，开始向大众销售龙角散。龙角散的主要成分都是未经加工的生药，能直接作用于喉咙的黏膜发挥疗效。1893年，第四代传人藤井得三郎将龙角散改良成现在的粉末状药剂。据说，龙角散这个名字来源于初期配方中的三种生药（龙骨、龙脑和鹿角霜）。现在的社长藤井隆太是龙角散的第八代传人

1.只生产跟喉咙有关的产品。

2.与"忠实用户"商量对策。

　　龙角散是不用配水就可以直接吞服的粉末状咽喉药。它被装在金属罐子里，外盒是纸质的。为了取药方便，罐子中配有一个专用的小勺。龙角散的主要成分都是未经加工的生药。它的原型诞生于200多年前。早在1935年，龙角散的包装就是跟现在差不多的小型金属罐了。盖子上有"龙角散"和"登陆商标"的浮雕文字，这个设计一直沿用至今，使用时间已经超过80年。

　　"我是在1994年进入龙角散公司的。当时的总销售额是40亿日元，负债也是同样的数值。基本处于快倒闭的状态。"藤井隆太社长回首当年时如此说道。为了尽快扭转现状，藤井社长亲力亲为，创立了以他为中心的新营销模式。"当时有消费者说'龙角散是无可替代的'，我听后信心倍增。决定让龙角散保留原来的优点，然后根据时代特征不断进化。"他也开始着手研发新产品，并于1998年成功地研发出了果冻状的辅助服药产品——吞咽帮手，它一经上市便广受追捧。2008年，龙角散又推出免水润颗粒，这款产品很受年轻人欢迎，进一步扩大了龙角散的用户群体，整体销售额也有所上升。

❶ 1935年的包装。仔细观察可以看出，包装纸上画着写有龙角散三个字的卷轴。金属罐的盖子上也有相同的浮雕图案

❷ 现在的包装盒。1964年，龙角散更换包装，将主要图案换成了藤井家的家纹

1. 用电视广告做宣传，让产品变得超有名。

　　龙角散目前的总销售额大约是 150 亿日元（2016 年），但员工的数量却和销售额 40 亿日元时基本持平，都是 90 人左右。龙角散究竟是如何在不增加人员的前提下，让销售额上涨的呢？其中一个方法就是投放广告。

　　龙角散每年投放在广告上的费用大约是 48 亿日元（2016 年），约占总销售额的 1/3。这些广告中最主要的是电视广告。"即使雇用 3 倍的销售人员，销售额也不会变成原来的 3 倍。而且不盲目增加员工也是藤井家的家训。投放广告时一般有独特的策略，基本都能按照推测的那样大获成功。"藤井社长说。不过，2006 年的电视广告播放后，整体销量虽有提高，但也有不少用户抱怨龙角散"太苦""容易洒"。后来龙角散改变了方针，开始大力推广免水润颗粒，期望借此开拓新的用户群体。"我们希望用户通过免水润颗粒来习惯无水吞咽的服用方式，然后慢慢转移到粉末状的龙角散上。粉末状的龙角散是整个品牌的根基。今后也不会改变包装，会将它一直守护下去。"藤井社长说。

　　除了广告，销售环节最重要的是确保足够的上架率，保证产品一直陈列在药店的货架上。"产品无法陈列在货架上，广告效果再好也没有意义。"

神田明神的神田祭期间推出的品牌广告。
除了电视，还在报纸等纸媒上投放了广告

1. 与其他家庭药品牌一起到中国台湾宣传，进而引发爆买行为。

龙角散是从 1940 年代开始进入海外市场的。它的出口地主要有中国台湾、中国香港、韩国和美国等。"2016 年是龙角散进入中国台湾市场的 50 周年。而现在则是龙角散进入韩国市场的 50 周年（该文发表于 2017 年）。龙角散在海外的销售额大约是日本的 4 倍。我们在各个出口地区都投放了电视广告，目前龙角散已经成了家喻户晓的产品。龙角散润喉糖基本在中国台湾、中国香港和韩国的所有便利店都有销售。"藤井社长说。

亚洲各国的游客到日本爆买本土版的龙角散，是近些年才兴起的潮流。除了比较大众的润喉糖之外，像免水润颗粒这类家庭药也有很多人购买。不过这并不是偶然事件，而是藤井社长着力引导的。

"从 2010 年开始，龙角散就跟太田胃散、正露丸、浅田饴、KINKAN（金冠）等家庭药品牌合作，针对海外游客实行促销活动。我们在微信上做宣传，还在海外的免费报刊上刊登广告。在中国台湾的店铺做宣传时，还受到了当地电视台的关注，上了新闻。"藤井社长说。

这些日本品牌的海外宣传能大获成功，主要靠的是 50 年前出口产品的经验。"本土化是一件很费时的事。只有对当地的习俗、文化和宗教等有所了解，才能策划出符合当地人口味的宣传活动。"

❶ 刊登在中国台湾免费报刊上的广告
❷ 中国台湾版龙角散的包装。
这个包装在日本也曾使用过

1. 健康产业不能太重视利益。

　　目前龙角散还没上市,而且今后也没有上市的打算。"我觉得健康产业不能太商业化。如果没有为世人着想的伦理观,是无法长久发展的。不过分谋取利益也是藤井家的家训之一。"藤井社长说道。

　　抱着这种想法,龙角散公司开发了一种名叫"龙角散止咳片"的药。一款药的药效越好,引发副作用的可能性就越大。所以龙角散以前推出的都是比较温和的产品。但藤井社长认为,那些受重症困扰的病人,很需要一款药效强的家庭咽喉药。"为了让人们知道它的成分很强,故意将外包装设计成很吓人的样子。希望这款药能够到真正需要它的人手上。即使销量不好也没关系。"因为花了很多心思,这款药很少收到不好的评价,药店的药剂师们也给予了它好评。

　　目前,龙角散公司超过一半的销售额都是龙角散润喉糖贡献的。它从2011年开始售卖,之后只过了短短5~6年就成了销量第一的润喉糖。"虽然润喉糖销量不错,但单靠它是无法生存下去的。龙角散作为医药品牌的社会地位,才是支撑整个公司的根基。有了粉末状的龙角散打下的基础,润喉糖才能大获成功。"藤井社长说。

❶ ❷ 龙角散润喉糖的包装。现在很多人都是从润喉糖得知龙角散这个品牌的

❸ 龙角散止咳片的包装。为了让人们知道它的成分很强,故意设计成有点吓人的样子

DEAN & DELUCA

× 横川正纪

冷的食物用石头盛放，热的食物用木头盛放，

不让设计去干扰食物本身的美好。

这本来是很自然的事，我们却一直用"设计"二字
来搪塞。

对我们来说，DEAN & DELUCA 这个品牌是未来的
理想答案。

    喜欢 DEAN & DELUCA，每次去纽约都会到 SOHO 区的
店里转一转。说起来，那是 1995 年前后的事了。如今，通过跟
横川先生的交谈，我渐渐明白了当时为什么会对它如此迷恋，并
且对它带给我的幸福感心存感激。DEAN & DELUCA 刚进入日
本时，所有的日本粉丝都觉得它会完全照搬纽约店铺的形式，延

续纽约店铺的风格。当时的价值观认为设计等同于形式、标新立异和个性，这种想法正好跟它吻合。但是，DEAN & DELUCA并不是一种风格，而是思考方式。意识到这种简单而强大的风格是一种思考方式时，横川先生感到的苦恼、挑战和幸福也许我无法 100% 理解。但我自己的店铺 D&DEPARTMENT 也经历了类似的过程，所以多少还是能体察一些的。"通过食物品味人生（Living with Food）""食物才是主角（Food is Hero）"，用这些隐藏在风格背后的让人着迷的概念，在自己的国家重新诠释DEAN & DELUCA，然后一步步实行，这真的不是件容易的事。乔治·德鲁卡（Giorgio Deluca）和乔伊·迪恩（Joel Dean）在食物上的想法已经触及了根本的层面。这种想法就是，所有的事物都是自然的，而不是在对抗什么。比如刚刚提到的"食物才是主角"，这句话也跟包装设计有关。就是说食物不需要多余的装

饰，要优先展示它本身的美感。这让我们意识到，我们一直在违逆自然，刻意在本来就很美的东西上添加各种各样的东西，然后用"设计"二字搪塞过去。日本的设计理念正渐渐向自然的方向转变，而 DEAN & DELUCA 的各个方面都能作为参考的范本，所以它才能一直延续下去。DEAN & DELUCA 为店铺、产品和服务如何做到长盛不衰提供了想法和灵感，也因此越来越受关注。

横川正纪 Welcome公司董事长。2000年创业以来，公司运营着 GEORGE'S、CIBONE 和 TODAY'S SPECIAL 等生活方式品牌。2003年将 DEAN & DELUCA 引入日本。喜欢在零售、餐饮等实体流通渠道中推广饮食和设计，同时发展自己公司的品牌。横川先生还参与了设施开发、街道建设和酒店设计等工作，他以饮食和设计的感性为核心，提出了各种各样与生活有关的提案

摄影：名儿耶洋

1. 探寻根源才能判断东西的好坏。

长冈　DEAN & DELUCA 是在美国诞生的品牌，把它引入日本时，有指导手册之类的东西吗？

横川　没有那种书面化的指导手册。刚在日本开店时，我以为只要将纽约的 DEAN & DELUCA 忠实地再现出来就行了。但是过了两三年，它并没有像我预想的那样发展。我觉得必须要重新审视自己的做法，并深入地理解 DEAN & DELUCA 的本质，于是就去见了乔治·德鲁卡先生。为什么要开 DEAN & DELUCA 这家店呢，当初又想让它朝什么方向发展？我跟乔治·德鲁卡先生聊了他从 0 到 1 创业时的想法。

　　德鲁卡先生告诉我，他本来是学校的老师，但他觉得向人们传达"吃美味的食物，过上幸福的生活"的理念，比教授教科书的内容更加重要。他觉得就算学习再多的知识，人也无法获得幸福。德鲁卡先生对有机的看法也很独特，他觉得与其纠结是不是有机，更应该重视"制作方法是否贴近自然"。本来非有机的东西就是近代才出现的。就算没有被认定为有机产品，只要沿用以前的制法和材料，就是这种食材应有的面貌。首先要深入挖掘各个产品的根源。这样才能判断出东西究竟是好还是坏。这些都是德鲁卡先生教给我的。

1. 不是风格，而是思考方式。

2. 勇于尝试各种食物，去了解真正的美味。

长冈　向创始人询问了创业的思想后，在销售方式上有发生什么变化吗?

横川　我意识到，只要以德鲁卡先生的思想为基础，自己厘清思路重新设定产品线就行了。我不再因为选品而迷茫。其实没必要刻意将日本和其他地方的食材区分开，产生这种想法后，我就不再抗拒日本的食物、日式点心，还有中国和印度的产品等，反而觉得 DEAN & DELUCA 就应该是这样的。比如，想引入"拌饭料"这个新产品时，我就会去调查它的源头，看它是在什么时候、怎样产生的。这样就一定能遇到还在用古法制作这种产品的人。

长冈　看来没有指导手册是一件好事呢。说起来，德鲁卡先生他们原本好像没有想让 DEAN & DELUCA 扩大到这种程度吧?

横川　比起扩大经营范围，他们应该更想创造有意义的店铺。在美国，因为投资者的介入，DEAN & DELUCA 一口气开设了很多店铺，但这些店铺只是照搬纽约店而已，销售的产品也跟纽约店差不多。如果是德鲁卡先生和迪恩先生亲自去开店的话，应该会去调查每个地方的美食，然后创建出那个地方独有的 DEAN & DELUCA。

长冈　也就是说 DEAN & DELUCA 不是一种风格，而是思考方式呢。刚听到这句话时，我觉得很意外。

横川　DEAN & DELUCA 的一个重要思想是，销售的东西"一定要好吃"。亲自去品尝各种各样的东西，磨炼出对美味的判断基准，这是他们教会我的事。但是，在能下判断之前，一定要勇于尝试，不能凭喜好去挑剔食物。这样就会慢慢意识到自己为什么喜欢或讨厌某种食物或味道，也能用自己的话去描述这种感受。

长冈　店铺的状态也蕴含着一些哲学呢。

横川　"食物才是主角"是我们的基本思想。选择容器时，不是刻意去营造石头风或木质的调调，而是根据目的去活用那些有品质的材料。冷的食物用石头，热的食物用木头，有油脂或水分的食物用不锈钢，诸如此类的器物选择都是有一定原因的，如保持食物温度或防止腐蚀等。对器物爱惜的话就能长久使用，而且经年累月的痕迹也是一种美，所以一定要用真正的好东西，这也是创业成员教给我的事。出于年代等原因，DEAN & DELUCA 使用了不同的室内设计师，每个设计师都有自己的个性，但做出的东西却都很符合 DEAN & DELUCA 的风格。这是因为 DEAN & DELUCA 有着强大的哲学。

1. 不会刻意去加速，
重视自然的发展周期。

长冈　您对流行有什么看法？最近大热的帆布包，好像接到了很多合作的申请呢。

横川　我们是饮食品牌，所以基本只接受食物相关的合作。帆布包是 1990 年代前期 DEAN & DELUCA 的纽约店推出的。当时 SOHO 区的某些艺术书店开始销售带 logo 的帆布包，嗅觉敏锐的艺术家们渐渐用它代替了纸袋。为了倡导这种生活方式，身为食材店的 DEAN & DELUCA 也推出了 2 款帆布包，一款尺寸小的用来买早上吃的面包和奶酪，另一款尺寸大的用来采购一周的食材。帆布包的用途是搬运食材，所以没有拉链、内衬和口袋，当然价格也很便宜。由于价格、用途和风格都很符合大众的需求，它渐渐成了广受欢迎的人气产品。目前日本的环保包潮流已经告一段落，但这款帆布包的销量依然很好。

　　不过，因为帆布包受欢迎就增加颜色和尺寸，这种事我们是绝对不会做的。我们不会对购买的潮流加以阻止，也不会刻意去加速。圣诞节期间会销售限定的颜色，但那是为了做公益。不刻意为之，才能成为长效设计。重视自然的发展周期，也能让我们一直保持销售的热情。

1. 融入人们的日常生活。

长冈　对 DEAN & DELUCA 来说，创新意味着什么呢。向人们传达食物带来的喜悦和乐趣，这种理念让很多人产生了共鸣。同时竞争对手也不断增加，渐渐形成了一股潮流。面对这种情况，DEAN & DELUCA 要怎样创新才能领先一步呢？

横川　DEAN & DELUCA 的渗透期，早在最初的 10 年就已经结束了。现在店铺的数量仍然在增加，但理念却没有继续渗透。这是因为推广的方式太浅薄了。我们当初想用饼干、糖果、巧克力、点心和咖啡等引起顾客的注意，然后慢慢地向他们传达自己的理念。但实际上，不少人对 DEAN & DELUCA 的印象还停留在"可爱"和"时髦"上。

　　我们本来想以咖啡馆为契机，让顾客去位于涩谷、新宿和惠比寿的小型市场逛一逛，最终来到六本木和品川的大型店，体会食物带来的乐趣。但是将这些点串联起来的工作，并不像我们想象的那么简单。如果放弃这一点，单纯增加店铺的话，对我们将会是一个很大的打击，而且也是对一直支持我们的粉丝的一种背叛。

　　如今到了发展的第二阶段，我们不但要继续增加店铺，还要检讨原来的做法，用更有深度的方式进行推广。

长冈　关于这个，有什么具体的举措吗？

横川　2018 年秋天，我们在东京广尾地区开设了沿街店铺。之前 DEAN & DELUCA 的店铺都设置在车站大楼或商业设施里，这次我们想尝试在更贴近生活的地方开店，让客人们每天都能来光顾。店铺的面积不算太大，大约有 165 平方米，很多客人是日常光顾的常客。"这个客人喜欢牛角面包""那个人经常买奶酪""他不吃肉"，店里的工作人员也开始慢慢了解顾客的喜好。不过我们也意识到，像这样拉近跟顾客之间的距离，工作人员就必须具备更强的专业技能。

　　在每天的餐桌上，当人们想让家人吃到更美味的食物时，希望他们能够想起 DEAN & DELUCA。为此，我们必须在价格、分量和展示方式等方面做出改变。纽约的 DEAN & DELUCA 原本是 SOHO 区的艺术家们每天光顾的店铺。但后来 SOHO 区逐渐变成了观光地，于是店里便开始增加礼品样式的产品。今后日本也将面临同样的过程。最初的 10 年提高了人们的认知度，我认为是非常有必要的。在广尾开设沿街店铺，对我们来说是一次很严峻的挑战。我们不愿意模仿别人，而是想自己摸索出符合 DEAN & DELUCA 风格的贴近生活的方式。今后，我们打算在那些光顾车站和办公区店铺的客人平时生活的街道上继续开设店铺。

SINCE
1602

013
东京
TOKYO

养命酒制造
药用养命酒

用符合时代的语言，来描述产品的功能。

那些长盛不衰的产品，不是在流行趋势下诞生的，也不会为了提高销量而将接力棒交给下一个"新产品"。它们从诞生起就不断改善品质，而且一直拼尽全力履行诞生时被赋予的社会责任。养命酒就是这样的产品。小时候每到盂兰盆节和过年时，我到爷爷家打开厨房的抽屉，总是能发现养命酒，这给我留下了深刻的印象。像养命酒和之前采访过的养乐多、可尔必思这样的产品，每到一定的年限就要重新定位，让产品保持年轻态。比如，在营养和饮食生活不那么稳定的年代，养命酒在宣传中使用的是"体质虚弱"这个词。而到了营养均衡的现代，就换成了缓解女性"畏寒体质"和"温补"等词语。也就是，用符合时代的语言来描述产品的基本成分和功能。不改变产品本身，只是换个说法而已。

某一天，养命酒的网站上突然出现了《骷髅13》^①的内容，真是把人吓了一跳。随着时间的流逝，没听说过养命酒的年轻人越

---

① 《骷髅13》：日本漫画家斋藤隆夫的作品，从1968年连载至今。

来越多。为了打动他们，养命酒使用了网站等各种各样的宣传手段。他们采用的宣传方式也像养命酒这个产品一样，耐心踏实又独树一帜。

一般来说，当一件产品给人陈旧过时的印象时，就要对包装和标签等进行微调，通过这种改版让人觉得它"变新颖了""好像很符合现在这个时代"。这次养命酒的改版工作，是由我的设计团队负责的。我们将原来包装的朱红色改成了有现代感的红色。虽然将新旧包装摆在一起马上就能看出区别，但对于很多年没有见过养命酒的人，他们看到这个包装的第一感觉是"哇，这个产品还在卖啊。不过倒是没有陈旧的感觉"。为了达到这种效果，我们花了很多时间去寻找合适的颜色。摆在店里时包装盒是最重要的，但顾客买回家后要每天饮用，所以酒瓶的样式应该尽量符合现代的装修风格。我们将原来的红色瓶盖换成了黑色，标签上也做了一些改动，就是为了让它融入采用明亮色调的现代空间。

家喻户晓的经典长销品，也无法抵抗时间的洪流。养命酒选

SINCE
1602

养命酒制造
药用养命酒

013
东京
TOKYO

择用针对目标人群的独特宣传活动和改变包装等手段，来保持产品的新鲜感。本人也参与了这个项目，所以有点不好意思夸赞它。但默默关注国民健康的养命酒，真的是一个踏实的好品牌。

药用养命酒　药用养命酒（以下简称养命酒）是距今400多年前，在信州伊那谷诞生的药酒。据说，创始人盐泽宗闲先生救下了一位倒在雪地里的老年旅人，后来老人将"灵酒的秘制法"传授给他作为答谢。宗闲先生抱着"为世人健康做贡献"的想法，按照秘制法将药酒制作出来，于1602年将它命名为养命酒。1923年6月天龙馆公司成立，开始大量生产养命酒。后来养命酒被推广到全日本，1951年公司改名为养命酒制造

1. 让人联想到乌龟的达摩型酒瓶。

　　养命酒是用 14 种生药制成的滋养型药酒。它能促进全身的血液循环，增强体质，改善不良症状。当初，创始人盐泽宗闲先生抱着"为世人健康做贡献"的想法开始制作养命酒，然后将它施舍给病人和贫穷的村民。喝过养命酒的人对它评价很高，甚至有"濒死的病人重新活过来"的传闻，于是有很多人翻山越岭不辞辛苦地来求这种药酒。盐泽家将养命酒注入用后山的竹子制成的竹筒里，分给众人。从那以后，制作养命酒就成了盐泽家的祖业，他们在信州伊那谷地区制作了 300 多年。

　　开始量产后，养命酒被装进通用的葡萄酒瓶里，再在瓶身外包上一层包装纸进行销售。1929 年，养命酒将酒瓶换成了达摩型，还增加了一个纸盒当外包装。达摩型酒瓶的肩部曲线能让人联想到以前制作养命酒时用到的乌龟，这也是使用它的原因之一。当时纸盒和瓶身的标签上画着由"山、云、水"三种元素组成的图案，它们代表从发源地眺望看到的高山和云，还有天龙川的急流。包装上的红色是跟这个图案一同启用的，从此，金赤色便成了养命酒的基调色，也是企业的代表色。养命酒之所以选择这种颜色，是因为它在色彩心理学中代表健康和热情。

❶❷ 1929 年的包装
❸ 庆长年间诞生的商标"飞龙"。
一直沿用至今

1. 400 多年来一直传承创始人的思想。

2. 用贴近生活的语言描述功效。

　　400 多年来，养命酒一直在传承创始人"为世人健康做贡献"的初衷。现在他们又将"回应消费者的信赖，为充实而健康的生活做出贡献"的理念纳入其中。养命酒是第二类医药品，现在主要在药房和药店（drugstore）销售。按照日本法律的规定，药品在不同销售渠道中的包装要做出区分。于是，1971 年养命酒就设计了不同的包装和标签。在药房销售的养命酒采用简单的红色，上面没有多余的图案装饰。

　　养命酒从 1932 年开始出口。当时的出口地有中国和美国，到了 1940 年，出口额就达到了全部销售额的三成。现在养命酒的海外市场主要有中国香港、中国台湾、马来西亚和新加坡等地。养命酒正式在日本国内开展广告和宣传活动，是从 1930 年代开始的。除了报纸和杂志广告，电视媒体起步后，养命酒就开始赞助节目和投放电视广告。由于销售时间长，很多消费者都非常信赖养命酒这个品牌，但对它持有"老年人喝的酒"这种固有印象的人也不在少数。为了吸引 30~40 岁的人，养命酒在近年的电视广告中突出的是改善"体寒""疲劳""没有食欲"等功能，用贴近生活的语言来描述功效。

❶ 在海外销售的养命酒的包装
❷ 目前正在投放的电视广告。
养命酒请来了藤井隆和乙叶这对演员夫妇来出演广告

1. 用独特的宣传手段
提升品牌的新鲜感。

　　从 2013 年起，养命酒就开始在网站上开展针对年轻人的宣传活动。他们的电视广告风格很正统，但网站举办的活动却独树一帜。养命酒想利用这种推广方式，让整个品牌形象变年轻。他们最早尝试的是跟人气漫画《骷髅 13》的合作。活动的主要内容是，人们到网站上回答关于疲劳、肠胃和体质的问题，然后由《骷髅 13》做出健康诊断，活动参与者可以参加抽奖，抽取以《骷髅 13》为主题的养命酒原创产品。养命酒和《骷髅 13》这对出人意料的组合引起了人们的关注，达到了远超预期的效果。开展这个活动前，养命酒最担心的是核心用户的反应，但最终"几乎没有收到负面的评价"，养命酒制造市场部的鸟山敦志课长如此说道。2014 年和 2015 年，养命酒继续举办了类似的活动。最后他们累计收到了 9 万多条报名信息。之后，养命酒又陆续举办了很多突出产品功能的有意思的活动。比如以消除体寒为主题，跟"杯子上的缘子小姐"进行联合推广。还有突出安眠效果的"养命酒巨型抱枕 & 围腰套装"。"正因为是历史悠久的正统品牌，才能在这种具有反差的独特推广活动中取得良好的效果。"鸟山课长说。

❶ 在养命酒与《骷髅 13》合作的活动中，
作为抽奖礼物的养命酒原创公文箱
❷ 与"杯子上的缘子小姐"合作时推出的
"养命酒原创杯子上的缘子小姐 + 温暖的衣服套装"

延续 想让产品长盛不衰需要做哪些事情?

1. 在不改动整体设计的前提下
让品牌印象年轻化。

　　到目前为止,养命酒只在包装设计上做过一些微调,从来没有进行大幅度的修改。虽然根据日本的药事法做出过改动,但养命酒的功能和400多年前刚诞生时没什么差别,所以也没必要改变一直使用的包装设计。不过,近些年有年轻消费者觉得养命酒"让人不太好意思摆在家里""外观太陈旧了"。于是,养命酒在不改变"红色盒子和达摩型酒瓶"的前提下,对包装设计进行了改版。负责改版的是长冈贤明先生。他做出的改动不大,但整体品牌形象却变得年轻了。

　　长冈先生将关注点放在了现代的生活方式和室内装潢上。以前人们习惯将养命酒放在茶柜或位于角落的灶台一角。但现在它的放置场所渐渐变成了跟餐厅或客厅融为一体的明亮厨房。为了让养命酒更好地融入现代生活,长冈先生对整个设计进行了微调。他改变了红色的色调和logo的排列方式,还调整了盒子上的字样,让它看起来更清楚。

　　瓶盖的颜色从红色换成了黑色,标签上的红框和文字排列也做了调整。酒瓶的功能性也有所提高,瓶身变得更加轻薄,瓶口部分则增加了内塞。

❶ 改版前的酒瓶和盒子
❷ 趁着改版,养命酒在瓶盖上加了内塞,这样能有效地防止漏液。只要液体不残留在瓶口,就不会出现打不开瓶盖的现象了

永谷园

茶泡饭海苔

珍惜围坐在餐桌前的距离。

　　品牌会给人留下一种印象。面对那些花费时间和精力创造出的充满个性的产品，消费者会用应战一样的姿态，认真使用并坦率地做出反馈。创造者收到反馈后又会产生新的创意，然后继续创造新的东西……永谷园的茶泡饭海苔是永谷嘉男先生在1952年创造的产品。它的包装袋用了永谷先生最爱的歌舞伎幕布的配色。永谷家以前经营的茶屋喜欢推出独特的产品，其中有一款用碎海苔制成的海苔茶，茶泡饭海苔就是由这款产品发展而来的。除了茶泡饭海苔，永谷园还有很多人们耳熟能详的热门产品，如麻婆粉丝、火锅拉面、早餐味噌汤、寿司太郎、大人的拌饭料、松茸风味汤料包等。永谷园不会去追求过于庞大的梦想，反而更重视蕴藏在日常生活中的细节。我觉得他们在用像茶碗那样的小东西，描绘着一个无限大的梦。当初需要手工封装时，为了保证品质，永谷园会在茶泡饭海苔的袋子里放一张代表检查合格的小卡片。他们觉得"反正要放"，不如用浮世绘或凡·高的名画做成卡片系列。小时候，我总是很期待吃茶泡饭。虽然当时不太懂其中的含义，但只要看到妈妈买茶泡饭海苔，我就会将卡片收集起来。这很可能是喜欢花心思的永谷一家在饭桌上想出来的创意，它让我对永谷园这个公司留下了温暖的印象。

我觉得，那些长盛不衰的产品是从自然舒适的日常生活中诞生的。从营销活动到电视广告，里面的创意会给人一种仿佛跟母亲围坐在同一个餐桌前的亲切感，这是永谷园一贯的作风。当初还是小孩的我，只是带着单纯的心思去收集这些卡片，却在不知不觉中进入了永谷嘉男先生最爱的传统艺术世界。如今我已经长大成人，但这些卡片却让我回想起孩童时期的餐桌。

在我的想象中，推出了众多热门产品的永谷园应该在一栋气派的有现代感的大楼里。但采访当天我冒雨前往时，看到的却是一栋有岁月痕迹的大楼，这让我非常高兴。接受采访的工作人员也显得很有人情味，我之前的紧张感马上一扫而光。当时的情形让我意识到，永谷园这个企业无论发展到什么地步，都会保持创业时那种围坐在餐桌前的温馨感。如今，我已经不再跟父母一起生活。时隔很久，我在回家的路上又买了永谷园的茶泡饭海苔。

永谷园
茶泡饭海苔

茶泡饭海苔　　永谷园的茶泡饭海苔诞生于1952年。它的创造者是永谷嘉男先生。永谷家一直经营着一家销售茶饮的茶屋，该店的创始人是江户时代发明煎茶制法的永谷宗七郎先生。嘉男先生的父亲是第九代店主，他除了继承家业，还开发出很多和日本茶相关的产品。其中一个就是用切碎的海苔、茶粉和食盐等制成的海苔茶。某一天，嘉男先生在居酒屋吃茶泡饭时，突然想到"用海苔茶做茶泡饭不是更简单吗"。于是他对原有的海苔茶做了改良，然后将新产品命名为"茶泡饭海苔"并开始销售。这款产品大受欢迎，在它上市的第二年，也就是1953年，嘉男先生创立了永谷园本铺（现在的株式会社永谷园）。用创意和别出心裁的想法打造产品和服务，已经成了永谷园的企业文化

1. 由热爱歌舞伎的创始人亲自设计的包装。

2. 别出心裁的浮世绘卡片。

　　茶泡饭海苔这款产品的包装，是永谷园的创始人和茶泡饭海苔的创造者永谷嘉男先生亲自设计的。永谷先生非常喜欢歌舞伎，他从歌舞伎的定式幕中获得灵感，设计出了由黄、红、黑、绿这几种颜色组成的图案。右上角的招牌图样和勘亭流的文字，也是由永谷先生亲自书写的。永谷先生很关注细节，他写"泡饭"时用的是日文平假名，"海苔"用的则是汉字。

　　颜色鲜艳的包装摆在店里很引人注目，这款茶泡饭海苔很快成了超越预期的热门产品。但是其他公司马上跟风推出了类似的产品。这时，永谷先生意识到品牌的重要性，于是将包装上的"江户风味"改成了"永谷园"的品牌名。从那以后，这款产品的包装就没什么大的变化。从 1965 年起的大约 30 年间，茶泡饭海苔里一直附赠着浮世绘或雷诺阿、凡·高等人画作的小卡片。当时的茶泡饭海苔都是手工封装的，为了保证品质，员工们会仔细检查，然后将印着确认字样的空白卡片放到袋子里。永谷先生想用这个来传播日本传统文化，就开始在上面印刷浮世绘的画作。近些年，人们对日本文化的关注度越来越高，于是永谷园时隔 20 年重新推出了这个卡片。

❶ 刚上市时的包装
❷ 茶泡饭产品附赠的印着《东海道五十三次》的卡片。
为了让消费者有熟悉感，特意采用跟 30 年前一样的形状

1. 大力推广茶泡饭的新吃法，
来提升它的地位。

　　"茶泡饭海苔这款产品，从上市开始几乎就没什么变化。"永谷园营业总部冷藏营业部的小川美朋部长如此说道。永谷园原本就有一款名叫海苔茶的产品，它是由切碎的海苔、茶粉和食盐等制成的。茶泡饭海苔在它的基础上加入了碎年糕，这是从京都独有的茶泡饭（ぶぶ漬け）中获得的灵感。

　　在日本，茶泡饭是一种家喻户晓的食物，但茶泡饭海苔这款产品却是前所未有的东西。为了提升它的认知度，永谷园的员工会到店铺现场演示茶泡饭海苔的用法，告诉人们"只要撒在米饭上再倒入热水"就能做出美味的茶泡饭。1970 年，永谷园率先引入冻结干燥技术，并推出了名为鲑鱼茶泡饭的新产品。之后他们继续丰富茶泡饭的产品线，永谷园也渐渐成了人人皆知的经典品牌。

　　近些年，永谷园一直在积极地推广茶泡饭的新吃法，目的是提升它的地位。茶泡饭在日本人心中的印象是"喝完酒后吃的东西"，所以让人感觉只是应急的加餐。为了让人们将它当成早餐或午餐的主要食物来看待，永谷园开始在电视广告和超市试吃等活动中推广搭配各种食材的新吃法。他们还在电视广告中加入了朋友聚在一起吃茶泡饭的场景，目的就是引起年轻人的注意。

❶ 1970年推出的鲑鱼茶泡饭
❷ 在电视广告中推广茶泡饭的新吃法。
据说这些食谱都是永谷园的市场负责人想出来的

1. 用各式各样的新产品，掀起一场茶泡饭的热潮。

　　前些年，很多日本餐厅都在自己的菜单中加入了茶泡饭这一项。其中最常见的是高汤茶泡饭。虽然它不是用茶制成的，但也算是茶泡饭的一种，而且非常受欢迎。永谷园很快察觉到这股潮流，于是推出了高汤茶泡饭、风味茶泡饭、夏季限定的冰凉腌酸橘茶泡饭和冰凉大麦茶泡饭等在经典茶泡饭基础上稍作改动的新产品。这些新产品让茶泡饭这个品类变得更有活力。

　　永谷园还推出了从北海道到冲绳"地区限定茶泡饭"。这个系列的最大特征是用各地的特产当配料。比如，北海道的限定茶泡饭是毛蟹茶泡饭和海胆茶泡饭，而冲绳的限定茶泡饭则是炒苦瓜茶泡饭、阿古猪茶泡饭和海蕴茶泡饭。

　　这些新产品包装的主体是实物照片，但它们都使用了跟经典产品一样的四色设计。60多年来，永谷园一直坚持使用这个配色和设计，所以消费者凭直觉就能看出是它的产品。"我们从来没想过改变茶泡饭海苔的包装。永谷园茶泡饭产品的市场份额位列第一，这个配色在店铺里也很引人注目，所以根本没有必要改变。"小川部长说。

❶ 夏季限定产品冰凉腌酸橘茶泡饭 (目前已停售) 的包装
❷ 高汤茶泡饭的包装。这是一款混合产品，里面有"海苔""鲑鱼""梅子"和"天茶"各2袋
❸ 北海道限定茶泡饭的包装

1. 突出永谷园品牌的声音标志。

2. 与其他行业合作，制造"让人们想起茶泡饭"的机会。

　　永谷园是靠茶泡饭海苔起家的食品制造商。这款产品大获成功后，他们又相继开发出拌饭料、即食味噌汤、散寿司饭料等与正餐相关的产品。为了突出这一点，永谷园使用了特殊的声音标志（Sound Logo）。从十多年前开始，永谷园每件产品的电视广告都会在开头加上声音标志。这段声音标志是这样的，伴随着"咔嚓咔嚓"的声音，从茶泡饭海苔的袋子中抖出由永谷园的品牌声明（Brand Statement）"专注味道 永谷园"和首字母 N 组成的"品牌声明设计"（Brand Statement Design）。永谷园希望通过这个品牌声明设计来提升品牌的认知度。

　　为了防止茶泡饭给人陈旧的印象，永谷园制造了很多"让人们想起茶泡饭的机会"。其中一个举措就是与其他行业合作，进行联合推广。永谷园曾经跟日本的甜点连锁店 Sweets Paradise 合作推出用慕斯和海绵蛋糕制作的茶泡饭蛋糕。他们还将 5 月 17 日定为"茶泡饭日"，并于 2017 年 5 月主办了名为"永谷园 Presents 茶泡饭日特别赛事"的棒球比赛。

❶ 永谷园的品牌声明设计
❷ 2017 年 5 月 14 日在横滨体育馆召开的"永谷园 Presents 茶泡饭日特别赛事"

TOWER 唱片

013
东京
TOKYO

珍惜 "喜欢音乐"
这种心情的公司。

　　"在这个数字时代，TOWER 唱片的沿街店铺为什么还能坚持下去？" 我产生了这样的疑问。我一直在研究 "经典的产品和设计"，所以对 TOWER 唱片在这种情况下还能继续生存感到很不可思议。我一定能从它身上发现不同于以往的东西——抱着这样的想法我开始了这次采访。

　　"数字时代 CD 是卖不出去的，这是一个令人困扰的谣传。" TOWER 唱片工作人员的回答让我非常意外。如今追求音质的人似乎越来越多，除了 CD，以前被淘汰的 LP 和磁带也都在慢慢复苏。虽然现在已经进入数字时代，但人们还是会购买实体的音乐载体。

　　无论是在这次采访中，还是在记录创始人拉塞尔·所罗门（Russell Solomon）生平的电影《一切都会过去》（*ALL THINGS MUST PASS*）中，我都能感觉到 TOWER 唱片这个公司有多么珍惜 "喜欢音乐" 的心情，还有人们对音乐的爱和享受音乐的心。热爱音乐的店员。因为这些店员而到店里购物的顾客。在注重顺应的现代社会，这种对音乐的爱越深，就越要用某种方法加以克制。但是，要尽量带着诚意去直面热爱音乐的心情，一起支持某个歌手。在这件事情上，店员和顾客，或是企业和员工之间其实是没有分别的。正是因为坚信这一点，TOWER 唱片才得以生存下去。

在如今这个网络时代，人们喜欢将各种各样的东西数字化，然后存储到云端服务器。直接向顾客销售物品的沿街店铺，跟网络商店的差异越来越明显。"我们店里有'发现'和'邂逅'。"这是我询问 TOWER 唱片与其他店铺的区别时，工作人员给出的答案。那种毫不犹豫马上就回答出来的态度，透露出满满的自信。买东西时，用网络是最方便的。但是，TOWER 唱片有"人们没听过的新歌"和"新的歌手"。店员们会抛却商业因素，抱着支持这些音乐和歌手的心情向顾客介绍。TOWER 唱片每年还会举办16 000 场活动。这些举动让顾客在浮躁的现代社会感受到了一种"纯粹"。真的是"NO MUSIC, NO LIFE."。TOWER 唱片一直在培养喜欢音乐的心情，并因此成了长盛不衰的品牌。

TOWER 唱片

TOWER 唱片　　TOWER 唱片是1960年诞生于美国的唱片店。1979年，TOWER 唱片开始进入日本市场。当时它只是作为美国 TOWER 唱片的一个事业部，在日本批发进口唱片而已。到了第二年，也就是1980年，TOWER 唱片在札幌开设了专门销售西洋音乐的1号店，1981年又在东京涩谷开了2号店。之后，TOWER 唱片慢慢在日本的主要城市开展业务。从1990年开始，TOWER 唱片增加了 J-POP、独立厂牌和古典音乐等新的品类，在各地的购物中心也开设了店铺。2002年，日本的 TOWER 唱片因为 MBO（Management Buy-Outs 管理层收购），从一直负责运营的美国 MTS 公司独立出来。美国的 TOWER 唱片店已经在2006年全部关闭，但日本的店铺还在经营着。现在，它在日本共有80家店铺

1. 原封不动地还原美国店铺的氛围。

　　1979 年，TOWER 唱片以进口唱片批发商的身份正式进入日本。到了第二年，也就是 1980 年，他们在札幌开设了专门销售进口唱片的 1 号店。1 号店为什么会选在札幌这座城市呢？这是因为，TOWER 唱片的粉丝在札幌开了一家名叫"TOWER 唱片 5 号街"的店。TOWER 唱片跟店主交涉，将这家店买了下来，然后上架了跟美国店铺一样的货品，把它改装成了真正的 TOWER 唱片店。1981 年，TOWER 唱片在涩谷宇田川町开设了 2 号店。从此开始正式进军日本。

　　涩谷店是一家超级市场型的店铺，它原封不动地还原了美国的 TOWER 唱片店。刚到货的唱片会直接保持装在纸箱中的状态摆到店里。这种前所未有的销售模式引起了人们的注意，虽然店铺的选址离车站很远，但开张第一天就来了很多人。它渐渐成了西洋音乐爱好者聚集的热门店铺，1985 年以后，TOWER 唱片又在仙台、京都、大阪和福冈等日本主要城市开设了店铺。

　　TOWER 唱片的 logo 是由美国公司设计的。TOWER 唱片的纪录片《一切都会过去》中提到，黄红两色的配色是"从壳牌石油的标志获得的灵感"。

目前 TOWER 唱片涩谷店的外观和内部

1.选品交给现场的工作人员。

　　店铺的选品不是由总公司统一安排，而是由现场的工作人员来决定。这是 TOWER 唱片在销售上的一大特征。每家店销售的唱片品种和主推的歌手等，都有着微妙的差别。关于这一点，TOWER 唱片店铺运营总部的高桥聪志总部长这样解释道："每个地区销量好的产品是不一样的。最重要的是各个店长的切身体验。总的来说，位于购物中心的店铺，大部分顾客是将 CD 当成周边产品的'歌手粉丝'。而在以涩谷店为首的位于政令指定都市（日本的一种行政区制）的大型店，顾客中音乐爱好者的比例会比较高。店长会根据顾客的差异和需求，来进行选品。"这种由现场人员酌情处理的方式，也是受美国 TOWER 唱片的影响。

　　以前，卖得比较好的都是跟流行音乐相关的产品，现在是各式各样的产品都有销量。如今音乐节目和杂志在慢慢变少，但因为社交平台的普及，人们接触音乐的机会反而增多了。这种社会环境的变化，对销售方式也有影响。"销售必须增加自己的知识。为了保证员工们有一定的时间去接触音乐，提高日常作业的效率一直是我们的一个课题。"高桥总部长说道。

❶ 位于经常全家人一起光顾的商业设施里的 TOWER 唱片 GRAND TREE 武藏小杉店
❷ 位于歌手安室奈美惠出生地冲绳的 TOWER 唱片那霸 RYUBO 店

1. 用想销售的东西打开市场。

2. 诞生于日本的 "NO MUSIC, NO LIFE."。

　　作为能掀起新的音乐潮流的场所，TOWER 唱片备受音乐业界和媒体的瞩目。而这些音乐潮流的源头，正是员工们的品位和审美能力。"不要用卖得好的东西，而是用想销售的东西打开市场"，这种想法在 TOWER 唱片是根深蒂固的。店长和买手自不用说，TOWER 唱片对兼职打工人员也会灌输"寻找你想销售的音乐"的想法。当然，他们也会销售热门的音乐产品，但"这些充其量只是辅助而已。每个店铺还是要用自己想销售的音乐来充实整个卖场"。高桥总部长说。

　　TOWER 唱片设置了一个名为"TOWER 甄选"的活动，由全日本的员工一起选出还没有在社会上引起话题的音乐。"有不少歌手是被'TOWER 甄选'介绍后才开始在音乐界活跃起来的。很多身处一线的员工对音乐的品位，跟位于音乐业界中心的业内人士差不多。"高桥总部长介绍道。

　　从 1996 年到现在，TOWER 唱片一直坚持制作以 "NO MUSIC, NO LIFE." 为主题的海报。"NO MUSIC, NO LIFE." 是 TOWER 唱片的宣传负责人和箭内道彦先生的博报堂团队（当时）一起想出来的文案，后来美国的 TOWER 唱片也有使用。

由细野晴臣先生担任模特的 "NO MUSIC, NO LIFE." 海报

1. 变成人们想特意去打卡的音乐圣地。

如今，日本的 TOWER 唱片已经完全独立运营了。它是 2002 年从美国 TOWER 唱片分割出来的。之后，美国的 TOWER 唱片店全部关闭，而日本的店铺则经营至今。现在，日本 TOWER 唱片的任务是"创造与音乐邂逅的最佳场所（the best place to find music）"。在如今这个年代，音乐不仅是独自享受的东西，更是一种体验。为了让人们更方便听到现场演唱，TOWER 唱片开始积极地在日本各地举办活动。他们跟唱片公司和经纪公司展开合作，为歌手们创造宣传自己的机会。

为了向顾客提供新的音乐体验和欣赏方式，TOWER 唱片还勇于利用最新技术去尝试实验性的活动。其中比较有代表性的，就是用同步直播让人们体验临场感的"新体感音乐现场活动"。它的具体操作方式是，用全息投影技术在 TOWER 唱片涩谷店的舞台上投射演唱会现场的 3D 影像。TOWER 唱片使用的是和自己进行资本合作的 NTT DoCoMo 公司的技术。"我们不会只执着于 CD 的销售，今后还打算用各种方法去创造让顾客与歌手相遇的场所。我们的目标是成为音乐文化的圣地。"谷河宣传室长说。

在 TOWER 唱片店铺里举办的
偶像团体 RYUTist 的现场演唱会

**成为经典
对谈**

Twin · 山田节子企划室

山田节子

有些潮流是应时代而生的，要学会去分辨它们。
设计师也要亲自到销售现场去，还要拥有自己的
顾客。
产品的创造者应该弄清产品的去向。

　　开始撰写这篇有关山田女士的文章时，我的手都是颤抖的。
山田女士是一个低调的人，她不太喜欢在媒体和演讲等公开场合
露面，所以可能很多人是第一次听说她。但山田女士一直在用简
单易懂的方式，去实践和引导目前在日本盛行的传统工艺复兴，
还有缔造销售风格等基础理念。她还用松屋银座这个"生活设计
百货店"，给其他百货店带来了巨大的影响。山田女士年轻时曾在
柳宗理事务所当过学徒，但无论我怎样央求，她都不愿多透露这

段经历。于是，我就借着采访的名义，多次拜访山田女士，让她
讲述那些打动人心的创作故事。

　　我曾经在堪称松屋银座创意核心的日本设计委员会（Japan
Design Committee）工作了 4 年。在隔月召开的例会上，山田女
士总是以百货店一方的身份出席。会议的主要目的是决定百货店
7 层 design collection 卖场的产品，有时也会讨论画廊的企划或
是在大型场地开设的展览。会议上有很多著名设计师，在他们提
出犀利的意见时，山田女士也会说出自己的想法，她的每一句话
都能让我学到很多东西。当时我身为设计师，对缺乏责任感的设
计师一行心生厌恶，于是自己开了一家名叫 D&DEPARTMENT
的店铺，想去亲身感受一下销售设计到底是怎么回事。山田女士
的理念和思维方式正好跟我的想法吻合，真的让我学到了很多。
我有一次竟然大胆地向委员会的设计大师们提议"各位老师不要

　光在这里挑选产品，也到卖场去看一看吧"，也许就是受了山田女
士某些话的影响。

　　让我意识到可以用这个连载向大家传达某些东西的，也是山
田女士。"有些潮流是应时代而生的，要学会去分辨它们"，山田
节子女士一直抱着这样的想法站在设计、工艺、生活和卖场的交
叉路口。借着这次采访的机会，我又去拜访了她。

山田节子　生活方式顾问。Twin主理人。毕业于日本多摩美术大学设计系。担任百货店松屋的智囊团已达半世
纪之久。除此之外，山田女士也负责为 le bain& mitate Gallery 等的文化传播事业做策展工作。她还为日本会津
Alte Meister 等传统产业展开的新业务，提出有关企业战略、产品设计和人员方面的建议和指导

摄影：丸毛透

创造 产品是怎样被创造出来的?

1.熟悉产品的材料、外形和用途。

长冈　这次的特别访谈，我们请山田女士来谈一谈她对"创造、销售、流行、延续"的想法。您觉得那些一直受人们喜爱的产品，是怎样创造出来的呢?

山田　我在松屋银座策划的第一个活动是"日本人的食器展"。它是在距今40多年前，也就是1977年举办的。活动的主要内容是，用日本特有的美学意识、材料和高超技术，为人们提供能丰富日常生活的器物。我们是在约1300平方米的会场举办的活动。因为这个策划，我开始走访全国各地的窑和工房。

　　那时，我感受到了那些拼尽全力去创造的人散发出的热情。无论是人本身，还是他们创造出的东西，都非常有魅力。当时每个产品的产地都有兼具人格魅力和技术的老师傅，他们会告诉年轻的手艺人"创造一件东西，到底是怎么回事"。工作完成后，大家会聚到老师傅家里，围着地炉边喝酒边开始夜间的学习。"我们使用的材料是自然的生命。所以不要做一些半吊子的东西"，除了技术之外，老师傅还会向年青一代传授材料的特性、时代性，还有制作出的东西会怎样随时间变化等，这些交织着手艺人人生哲学的东西。我觉得，设计师只有完全熟悉材料、知道如何将美观的外形和实际用途结合，才能创造出经受得起时间考验的产品。用青森毛榉树木材制作的一种名叫"BUNACO"的器物，就是一个很好的例子。毛榉树的材质不佳，以前一般只用来制作装苹果的木箱。熟悉毛榉树特性的设计师利用这个缺点，将木材削成薄片后像胶带一样卷起来并粘到一起，然后将它做成了洗脸池。
毛榉树洗脸池诞生的原因是，在第二次世界大战中日本的铝储量不足，以致无法满足军队洗脸池的供给。洗脸池兼备炊事和洗漱等多方面用途，是战地上非常重要的工具。这种走投无路的状况，是孕育出这个创意的因素之一。当年诞生的技术被 BUNACO 公司继承下来，现在 BUNACO 作为有效利用木材的范例，受到了全世界的瞩目。

1. 让创造和销售融为一体。

2. 比起"销路好",更要创造"人们需要的东西"。

长冈　为了让产品长期销售下去,您觉得需要做些什么呢?

山田　如今产品流通越来越迅速,人们开始以效率为先。人手和经费被不断削减,即使东西再好,得不到即时反馈也不会去做。制作现场的情况也图省事直接在电脑上查看。我想,干脆让"创造"和"销售"融为一体算了。从 20 年前,我就开始参与重新振兴会津地区佛龛制造商 Alte Meister 的工作。这是一项责任重大的工作,在如今这个自然和人心都渐渐凋零的时代,为了守护自己精神的净土,为了重获希望,我策划了一个适应现代生活的活动——"祈祷的形式"。我召集了一批有想法的工艺家、设计师和社内的创造军团到会津开办展览,这项活动到现在已经持续 7 年了。创造者将想法传达给销售者,再由销售者传达给顾客。"创造"和"销售"的一体化,让业界重新回到用产品传达心意的形态,这让我看到了希望。

1. 发现时代需要的潮流。

长冈 您对流行有什么看法呢,是应该避开流行,还是顺应流行,抑或是自己积极地去创造流行?

山田 流行是一个时代的潮流,就看你怎么去看待和接纳它了。我觉得转瞬即逝的潮流里也有一些有趣的东西,但我对那些明显是煽动消费的潮流不感兴趣。对于慢慢构建一种生活方式,然后打算用它引起潮流的人,我是非常赞同,并且很愿意给他们加油和帮忙的。

发现时代需要的潮流后,我会积极地策划活动或展览,将它传达给顾客。在时间允许的情况下,我也会亲自到店里转一转。我希望这些销路好的东西能引起潮流,为业界创造一个良好的循环。

1. 被有眼光的顾客培养出来的职人。

2. 让使用者充当意见领袖。

长冈 那么，最后我们来谈一谈"延续"吧。您觉得一件产品或一个品牌想延续下去，需要做哪些事情呢？

山田 首先，培养后继者是不可或缺的一环，企业需要打造能培养出好的创造者的环境和组织。做这件事也许要从孩子抓起，让孩子从小处在享受创造乐趣的环境中，借此纠正他们的创造理念。

松屋银座每年年末都会举办名为"日本的形态"的展览，这项活动已经持续了 18 年。有一次，一个每年都会购买注连绳①的顾客反映"今年的注连绳跟往年的不同"。我们了解情况后发现，以前制作注连绳的老奶奶去世了，这次是由她儿子制作的。将这个情况传达给顾客后，这位客人回复"今后我还会一直购买的，请努力制作出好东西"。技艺高超的职人是由有眼光的顾客培养出来的。也许你会觉得不过是个注连绳而已，但能制作出有品质的注连绳和正月装饰物的人每年都在减少。我觉得，构建出制作者、销售者和顾客组成的信赖三角，是延续的原动力。

---

① 注连绳：一种用稻草织成的绳子，为神道教信仰中用于洁净的咒具。

松屋银座的报纸广告（1981年）。当时日本经济正处于成长阶段，这是松屋银座与日本经济新闻社合作推出的全年广告系列。开始刊登广告的契机是，山田女士提议"要不要在松屋银座销售古早风味的鸡蛋"。广告刊登的第二天，鸡蛋就全部售罄了

TAKARA TOMY

黑胡子千钧一发

有名程度仅次于猜拳，
做决定时最常用的玩具。

黑胡子千钧一发是诞生于 1975 年的玩具，到现在仍能维持每年 10 万个的销量。采访时最有意思的一点是，它刚上市时的玩法是"刺入剑后海贼飞出去就算赢"，但后来却慢慢变成了"海贼飞出去就算输"。当初 TAKARA TOMY 为这个玩具设计的剧情是拯救身在桶中的海盗首领，但一些猜谜的电视节目开始用它当"决定出场顺序"的装置，于是不知不觉中就将玩法逆转过来了。最后，作为制造商的 TAKARA TOMY 也不得不接受了这种玩法。

黑胡子千钧一发一直很受欢迎，在某个时期 TAKARA TOMY 推出了各种各样以黑胡子为主角的玩具，但都以失败告终。失败的原因也非常有趣。当时 TAKARA TOMY 去掉了黑胡子千钧一发中的木桶，只销售以黑胡子为主的产品。结果这些产品完全卖不出去，这时开发团队才意识到，黑胡子和木桶是不能分开的。黑胡子不能出现在木桶以外的地方，由此可见，木桶和黑胡子已经融为一体了。一般情况下，出现一件热门产品，企业当然想继续开发让它形成一个产业链。但最后发现它是"绝对不能分割的"，这种现象也是存在的。这就像热门偶像团体的成员单飞后马上就不受欢迎了一样，听起来有点好笑。除了常规产品，TAKARA TOMY 还推出了 Hello Kitty、超级玛丽等各种各样的版本，目的就是让新时代的孩子们认识这款玩具。对于经典产品来说，这种细节中也蕴含着很大的创意。

黑胡子千钧一发是一款非常优秀的玩具，但更是"决定顺序的小游戏"之王。朋友聚到一起时，很容易出现需要"决定某样东西"的场景。当然用猜拳也能解决，但到了这种每天都会出现的"做决定的场景"，还是用黑胡子千钧一发比较有意思。它像一个小游戏，为平凡的日常情景添加了兴奋感。而且购买它只需1980 日元（不含税，折合人民币约 120 元），这个价格实在是很亲民。我觉得这也是黑胡子千钧一发在任何一个时代都大受欢迎的原因之一。

TAKARA TOMY 在日本的卡拉 OK 和酒吧等场所都放置了黑胡子千钧一发，这样做的目的就是让跟朋友一起"决定某样东西"的场景慢慢变成一种游戏。提前在可能出现这种场景的地方做好推广活动，也是这款玩具能一直延续下去的原因。

TAKARA TOMY

黑胡子千钧一发

黑胡子千钧一发 TAKARA TOMY 于 1975 年推出的玩具。它的规则非常简单，但无论玩多少次都能让人很兴奋。
这款玩具也有销量低迷的时候，但近些年基本能保持每年 10 万个的销量。2016 年的销量更是达到了 17 万个。
1990 年，它开始进军海外市场。迄今它已经销往 47 个国家和地区

1. 根据用户需求灵活地改变规则。

黑胡子千钧一发开发时的设定是"为了拯救被绳子绑住且困在木桶里的海盗首领黑胡子,手下们奋力用剑割开绳子"。据说,这个创意是 TAKARA TOMY 在镰仓举行企划会议合宿时出现的。当时的开发负责人因为没有创意而到附近的海边散心,结果想到了黑胡子海盗的形象。直到现在,TAKARA TOMY 还保留着这种用放松的方式构思创意的文化,他们会在企划会议前组织去打保龄球,或是去迪士尼乐园游玩。

TAKARA TOMY 是一个很注重趣味性的公司,还有一件事能佐证这一点,那就是灵活改动黑胡子千钧一发规则的事。黑胡子千钧一发在开发时的设定是"用剑割开绳子来解救黑胡子",所以是让黑胡子飞出去的人获胜。但是,中间的人偶突然飞出去肯定会吓人一跳。于是就有用户向 TAKARA TOMY 反馈"难道不是让人偶飞出去的人输吗"。

1979 年,第二任社长在包装上添加了"飞出去既可以算输也可以算赢。请在玩之前自行决定"这种模棱两可的说明。不过,后来他们逐渐改成了"飞出去算输"的规则。1995 年,TAKARA TOMY 趁着更换包装,正式将规则改成了"飞出去算输"。

❶ 1975年上市的初代黑胡子千钧一发
❷ 1979年上市的 NEW 黑胡子千钧一发

1. 让人能随意购买的经典派对玩具。

　　从初代到现在，TAKARA TOMY 对黑胡子千钧一发这个玩具做过很多次微调，但基本设计一直没变。只有初代的木桶比较窄，剑孔也分为 3 层。从 1979 年发售的第二代开始，木桶就开始变宽，剑孔也变成了 2 层。

　　黑胡子千钧一发的名字来源于"一发决胜负"。日语中"千钧一发"这个成语用的本来是表示头发的"髪"，但为了表现"一发决胜负"的氛围，TAKARA TOMY 故意使用了"発"①。据说刚上市时很多人都觉得这是错别字。

　　1975 年刚上市时，黑胡子千钧一发的定价是 1200 日元。现在变成了 1980 日元（不含税）。这款玩具不用电池，几分钟就能分出胜负，可以说是老少皆宜，无论是哪个年代或性别的人都能玩得尽兴。"定价在 2000 日元以下，顾客就会抱着轻松的心情随意购买，所以 2000 日元是分界线。"TAKARA TOMY 玩具事业部玩具企划课的股长池田源先生说道。

　　广泛铺货也是黑胡子千钧一发的特征。据 TAKARA TOMY 的课长助理曾根祐介绍，除了玩具店，黑胡子千钧一发在东急手创馆、LOFT、KiddyLand 和 Village Vanguard 等店铺都有铺货。不过，在上市 20 年左右的 1990 年代后半期，它的销量急剧下滑，甚至到了生死存亡的地步。为了度过这次危机，TAKARA TOMY 开始积极开发黑胡子千钧一发系列的新产品。

❶ 2010 年上市的黑胡子千钧一发 摇摇晃晃的海贼船
❷ 2013 年上市的超速飞出巨型黑胡子千钧一发

---

① 和中国古代"头发"的"发"用"髪"，"出发"的"发"用"發"类似，日文汉字仍有区分。

1. 不断引发话题，成为"现在流行的玩具"。

从 1999 年开始，TAKARA TOMY 每隔 1~2 年都会推出一款黑胡子千钧一发系列的新产品。为了将黑胡子这个角色发扬光大，TAKARA TOMY 曾经开发过几款不使用木桶机关的新玩具。但是没想到，这些新玩具的销量都非常惨淡。"这件事让我们意识到，黑胡子这个角色只有跟木桶放在一起才有价值。"池田股长说。

2013 年上市的超速飞出巨型黑胡子千钧一发，是引发人们热议的黑胡子系列产品之一。它的体积是普通版的 1.5 倍，而且正如其名，它飞出的高度也能达到原来的 5 倍。

从 1984 年开始，TAKARA TOMY 就推出了黑胡子千钧一发跟其他角色的合作产品。米老鼠、超级玛丽、Hello Kitty、《玩具总动员》里的巴斯光年，这些很受孩子欢迎的角色代替黑胡子从木桶里飞出。最近比较热门的是 2014 年推出的雪宝千钧一发。这款产品在海外也有发售，据说它在欧洲的销售额是最高的。

在数字游戏潮流的反作用下，像桌游这样的模拟游戏反而渐渐回到人们的视线中。日本的很多搞笑节目也经常会使用黑胡子千钧一发。

❶ 2007 年上市的 LOVE Hige 千钧一发
❷ 2011 年上市的松子千钧一发 DX
❸ 2013 年上市的 Hello Kitty 黑胡子千钧一发
❹ 2014 年上市的雪宝千钧一发

1. 不改变玩法，努力增加与客户的接触点。

　　TAKARA TOMY 每年推出的玩具总数超过 6000 个。当然，这些玩具只要销量不好就面临停产，能一直存活到第二年的可谓凤毛麟角。在玩具界，销量达到 5 万就算是热门产品了，达到 10 万就到了大热产品的级别。黑胡子千钧一发系列凭借接连发售的新产品，让原本下滑的销量起死回生，走出了惊人的 V 字形曲线。近些年，黑胡子千钧一发系列每年的销量都能超过 10 万个。"我们推出跟其他角色合作的产品后，很快引起了媒体的热议。在这种宣传下，普通版的销量也有上升。要想成为'现在这个时代'流行的玩具，一定要不断引发话题。"曾根课长助理说。

　　为了让玩过黑胡子千钧一发的孩子长大后继续给自己的孩子购买这款玩具，TAKARA TOMY 也在努力地制造"与成人的接触点"。比如在卡拉OK、居酒屋和酒吧等地免费提供这款玩具。这是推广的一环，目的是让成人想起黑胡子千钧一发。虽然这些人不一定马上购买，但只要记住了就算是潜在客户。现在黑胡子千钧一发在海外也有销售。它从 1990 年开始在英国发售，现在已经销往 47 个国家和地区。每个国家和地区发售的版本会有一些差异，但黑胡子飞出的机关和玩法都是相同的。

Pasela Resorts 秋叶原综合娱乐中心里
不但有黑胡子千钧一发，还有相关的桌游

SINCE
1967

013
福冈
TOKYO

森永制果

巧克力球

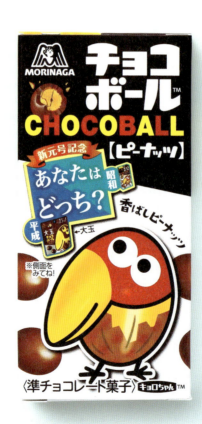

长冈贤明的点评

用童心和成人的想法一起创造的
国民零食。

　　最近，在采访时我听说了"巧克力球开封大叔"的事迹。他会一下买很多森永巧克力球，然后每天打开一盒，拍成照片上传到推特。其实他只是一个普通的粉丝而已。当 2018 年 1 月抽到金色天使时，他的推特收到了近 5 万条祝福留言。经典产品一定会有粉丝。

　　除了那些狂热分子，也有像这样"温暖地守护，细水长流地跟品牌打交道"的人。跟他一样的粉丝会对这种举动做出反应，所以时至今日，森永巧克力球还能一直保持畅销。

　　听工作人员说，森永巧克力球有三大卖点。第一个卖点是美味的巧克力球本身；第二个卖点是包装上的吉祥物"大嘴鸟"；而第三个卖点则是抽奖时的兴奋感，还有抽到金色或银色天使后邮寄到家的玩具盒。在经典产品中，这种设计简直堪称典范。就像在祭典上抬神轿需要几个人合作一样，森永制果也将这几个卖点结合到一起，让消费者和粉丝同时体会到美味、愉快和兴奋，然后带着这样的心情继续与品牌打交道。虽然写着这么严肃的东西，但我的思绪已经回到了小时候。当时，抽到玩具盒是非常不容易的，可我却抽到过好几次。那是妈妈买给我的巧克力球。发现金色天使时，我们全家都轰动了。在玩具盒邮寄过来之前，全家人都非常期待。收到后，又是一场大轰动。那个时候的玩具盒是罐头型的，所以是老爸用开罐器打开的。里面的东西我到现在还记忆犹新。

我向出席这次采访的宣传负责人寺内小姐询问了玩具盒的内容，但她回答说"公司里没人知道"。真有意思。原来这件事只有市场总部负责玩具盒的野条小姐知道。我觉得，这种彻底保密的意识，也是巧克力球成为经典产品的一大因素。当然，我也向野条小姐问了同样的问题。结果得到的答案跟我想象的一样。森永公司这种童心未泯的地方，真是让我感动不已。

据说森永公司曾完全以小孩为中心确定品牌方向，结果却惨遭失败。所以，他们很重视刚才提到的三大卖点的均衡发展。也就是让巧克力球成为大人、小孩都喜欢的国民零食。一直全面均衡地考虑问题，正是森永巧克力球的做法。

好不容易抽到金色天使的"巧克力球开封大叔"，他在推特上

SINCE
1967

013
东京
TOKYO

森永制果
巧克力球

收到的祝福中也夹杂着询问玩具盒内容的留言，结果大叔是这么回答的——"这是个秘密"。

巧克力球 巧克力球是森永制果从五十多年前就开始销售的巧克力点心。森永制果在1964年推出了一款名叫 Hi-Crown 的巧克力，结果大受欢迎，巧克力球就是在这样的背景下诞生的。Hi-Crown 是面向成人的巧克力，它的包装设计模仿了外国的烟盒。因为 Hi-Crown 的大获成功，森永制果就着手开发当时比较少见的面向儿童的巧克力。他们对一款已经上市的巧克力球进行了改良，为它换上了大嘴鸟的包装，然后在1967年重新发售。为了增加开盒时的趣味性，森永制果设计了一个鸟喙形的开口，还设置了抽奖活动。只要集齐1枚金色天使或5枚银色天使，就能换取一个玩具盒。这个抽奖规则上市至今一直没有变化

创造 产品是怎样被创造出来的?

1. 用一点小机关,
让吃巧克力球充满乐趣和兴奋感。

　　巧克力球是森永制果在 1967 年推出的面向儿童的零食。为了让孩子们喜欢上这款零食,森永制果花了很多心思。他们尝试将不易融化的巧克力包裹在花生或奶糖外面,还设计了像鸟喙一样的开口。巧克力球刚上市时,开口处的设计跟现在有一些区别。当时的包装需要先向上拉,然后出现横向的开口。它的形状从侧面看很像鸟,于是"大嘴鸟"这个形象就诞生了。

　　大嘴鸟的日文名 Kyoro-chan 是滴溜溜的意思,因为它的眼睛看起来像在滴溜溜转。这个名字原本是森永制果内部的爱称。"大嘴鸟刚诞生时,很多人觉得它的眼神很凶,公司内部的人对它的评价都不太好。我们想着,至少名字要起得可爱一点,于是就管它叫滴溜溜了。"森永制果市场总部零食市场部巧克力品类负责人野条理惠小姐这样说。巧克力球的最大特征是抽奖活动。"有可能抽到玩具盒哦",每次吃之前那种兴奋的心情,会一直留在孩子的记忆里。有这种体验的人,成为父母后也会继续给自己的孩子买巧克力球。这也是巧克力球能销售这么长时间的原因之一。

❶ 刚上市时的包装。刚开始本来叫巧克力糖球。上市 2 年后,将名字改成了巧克力球
❷ 1973 年时的开口设计。从侧面看形状很像鸟喙

1. 开发和策划全部由一个人负责。
制造话题是不可或缺的宣传手段。

现在，巧克力球主要有花生、焦糖和草莓三种口味。每年 3 月、7 月和 11 月，森永制果还会举办各种宣传活动，推出期间限定的产品。推出限定产品，目的是让品牌变得更有活力。为了让商家给巧克力球更大的铺货空间，还要不断地制造话题。3 月，森永制果会推出复活节相关的限定产品。11 月，会举办圣诞节相关活动，让装扮成圣诞老人的大嘴鸟将零食大礼包送到孩子们的家里。

玩具盒差不多是 1~2 年更新 1 次。限定产品和玩具盒的策划工作，全部由一个人负责。野条小姐从 4 年前就开始负责巧克力球了。"公司会召开有关期间限定产品的会议。但是，玩具盒的内容是不会放到会议上讨论的。"野条小姐说道。因为玩具盒的内容一旦泄露出去，中奖时的乐趣就会减少很多。为此，森永制果内部也有严格的保密措施。"玩具盒的内容在公司内部也是一个机密。我们非常忌讳向负责人询问详细内容。"企业传播部广告组的寺内理惠小姐如此说道。

森永制果为 2015 年的限定产品开发了一个 AR 游戏，只要拿手机对准巧克力球的包装盒，大嘴鸟就会自己动起来。手机 App 是免费的。每款包装的游戏内容不同

1. 孩子和大人，两者都要重视。

　　据说，从 2010 年 8 月到 2015 年春天，巧克力球的销量一度陷入低谷。当时很多公司都推出了跟巧克力球类似的面向儿童的零食。这些零食使用了孩子们喜欢的卡通形象，还在电视上大面积投放广告。在这股潮流的影响下，森永制果也采取了很多措施。他们努力将大嘴鸟打造成卡通形象，还更新了包装，采用了更夸张的插图。然而，并没有达到预期效果。而且，尽管巧克力球在便利店和超市的上架率很高，还是经常有人反映"根本找不到"。"那个时候我们意识到，对成人来说，更新后的包装反而不起眼。"野条小姐说。

　　于是，森永制果在 2015 年 3 月重新回到原点，将包装恢复成原来的样式。同年 7 月，他们推出了一款独特的期间限定产品——让消费者自己寻找开口的"打不开的巧克力球"。这款产品在社交平台上引起热议，便利店里的货品被一抢而空。三种口味的常规产品销量也呈现 V 字形增长。"通过这件事，我们再一次注意到那些从小就购买巧克力球的成年消费者。巧克力球是经典的长销产品，所以不能光关注孩子，也要努力向为孩子购买零食的大人传达信息。"野条小姐说。

❶ "打不开的巧克力球"的包装
❷ 跟"打不开的巧克力球"一起推出的
　 "打不开的玩具盒"

1. 目标是成为"国民零食"。

    1967 年刚上市时，抽奖的奖品是装着迷你漫画书的漫画盒。"当时小学生很流行看漫画。用漫画当奖品这件事成了热门话题。"野条小姐说。打开之前不知道里面装着什么的玩具盒则是 1969 年推出的。

    从刚推出到现在，玩具盒的形式也发生了很多变化。最早推出的玩具盒是需要用开罐器打开的罐头型，后来变成了有盖子的，可以当笔筒或存钱罐的类型。最近，森永制果还推出了很多体验型的玩具盒。比如要通过解谜才能打开的"打不开的玩具盒"、趣味性很强的"让你上当的玩具盒"，还有摸一下鸟喙就会说话的"金色大嘴鸟玩具盒"。"近些年，玩具盒的策划也开始注意到体验型消费，于是我们在玩具盒本身的设计上也花了些心思。"野条小姐说。

    巧克力球的味道和大嘴鸟的设计也在不断进化。"我觉得最重要的是让巧克力球、玩具盒跟大嘴鸟这三者一起成长。很多人从小就开始吃巧克力球，他们成为父母后也会给孩子购买巧克力球。但是，也有不少人中间有段时间没有吃巧克力球，所以以我们的目标是打造广受所有年龄层喜爱的'国民零食'。"野条小姐这样说道。

❶ 刚推出漫画盒时的宣传单
❷ 1969 年的玩具盒

SINCE 1954

014
神奈川
KANAGAWA

崎阳轩
烧卖便当

无论何时也不想忘记
向人们传达"日本原风景"的便当。

　　我经常从品川站坐新干线出差。那个时候必定会买的便当竟然成了文章的主角，这让我跟撰稿人西山薰小姐感到非常兴奋。"这是为什么呢？"前往位于横滨的崎阳轩总公司的路上，我们一直在思考这个问题。我的其他朋友也经常会购买崎阳轩的烧卖便当，然后拍照片上传到 Instagram 上。让人想购买、拍照、上传到社交网络，并产生期待和兴奋的心情，崎阳轩的烧卖便当肯定有美味之外的一些要素。这次采访就会揭晓答案。

　　在电车窗户还可以打开的时代，食物应该比现在安全很多，而且多了一份温情在里面。在那样一个时代，崎阳轩是通过列车窗户销售便当的。当时，横滨并没有让人引以为傲的当地名产，于是崎阳轩就开发了一款凉着吃也很美味的烧卖，然后将它做成了便当。

　　值得注意的是这款烧卖便当的容器。它使用了一种被称为经木的天然薄木片。据说，以前曾有客户抱怨打开便当时"米饭粘在了便当盖上"。发生这种现象的原因就是便当盒的材质。为了保持便当的美味，这款便当盒的盒子和盖子采用了不同的材料。它的底板用的是能防止汤汁渗漏的鱼鳞云杉，上盖采用的则是吸湿性强又透气的赤松。如果换成塑料容器，当然不会发生米粒粘在盖子上的问题，而且成本也能降到原来的1/10。但是崎阳轩没有这么做。通过这件事，我们能看出崎阳轩有多么重视米饭的味道。即使收到抱怨，他们似乎也会回复说"这正是便当美味的秘密所在哦"。原来如此。像过去的木质饭桶一样会"呼吸"的便当盒。说起来，最近木质的东西真是越来越少见了呢。

作为一个令人欣慰的回答，在崎阳轩的便当中，有一种我们不希望它消失的"蕴含在日本人便当中的原风景"。在如今这个和平便捷的时代，"在站台上拿着便当边走边卖"已经是照片中才能看到的情景。除了卫生、美味这些基本原则，崎阳轩还不惜花费时间和精力去再现这种已经遗失的风情，然后深深地扎根在横滨这片土地上。真是一次很棒的采访。

现在人们越来越重视食物的运输效率、卫生和保存性，却在不知不觉中遗失了某种风情。在这个越来越残酷的社会里，崎阳轩制作的便当能让人的心灵得以休憩。它能让我们在忙

SINCE
1954

崎阳轩
烧卖便当

014
神奈川
KANAGAWA

碌的出差中，特意想去拍照留念。这就是崎阳轩长盛不衰的
原因。

崎阳轩的烧卖便当　1908年，崎阳轩获得了横滨车站（现在的樱木町车站）的营业许可，就此创业。当初崎阳轩销售的主要是点心和饮料。1928年，崎阳轩开始销售自己原创的烧卖（现在改名为古早烧卖）。"二战"后，崎阳轩的烧卖作为横滨名物闻名全日本，1954年，烧卖便当正式上市。烧卖便当的销量一直在稳步上升，现在每天的销量大约是24 000个。崎阳轩的店铺主要分布在神奈川县内和东京都内的车站和百货店里，现在店铺总数已经达到了150家。崎阳是长崎的别名。创始人久保久行先生出身长崎，因此将它命名为崎阳轩

1. 跟当地人一起打造当地名物。

　　烧卖便当诞生于 1954 年，它是当时横滨车站的车站便当。里面除了被称为横滨名物的古早烧卖和摆成稻草包样式的米饭，还有腌烤金枪鱼、鱼糕、炸鸡块、玉子烧、炖竹笋、切碎的昆布、姜丝和杏子。

　　这款便当的配菜是在不断摸索和尝试中确定下来的。据说，崎阳轩曾尝试去掉玉子烧，或是将炸鸡块换成炸虾，还有用樱桃来代替杏子。"但是当地人说还是原来的搭配更好，于是我们就恢复原样了。"崎阳轩的野并直文社长如此说道。作为打造了横滨名物并扎根于当地的企业，崎阳轩很重视横滨当地人的想法，并经常听取他们的意见。

　　烧卖便当的包装纸从初代开始到现在，总共做了 3 次变更。但它们有一个不变的共通之处，那就是用横滨的风景做设计元素。第三代和第四代的包装是用龙和水晶的图案来吸引人们的目光。如果你仔细观察，会发现水晶上有横滨名胜的剪影。

　　据野并社长说，烧卖便当一上市销量就非常不错。因为里面有诞生于 1928 年并且已经成为横滨名物的烧卖。"烧卖是从'二战'后才开始打开销路的。后来它成了闻名全日本的横滨名物，于是我们就用它做了便当。"野并社长说。

❶ 烧卖便当刚上市时的包装纸。上面的图案是横滨港
❷ 1960 年更新的第二代包装纸。上面绘有横滨三塔、三溪园、扫部山公园的井伊直弼像等当时的横滨名胜
❸ 第三代包装纸。1964 年更新

1. 因为没有而特意创造出的横滨名物，
被"烧卖女孩"推广到全日本。

现在烧卖便当的价格是 860 日元（含税）。崎阳轩之所以能用如此低廉的价格提供配菜丰富的便当，是因为它的销量一直很好。崎阳轩的最大特征是单位面积的销量很高。即使是很小的铺面，每个月的交易额也能超过 1 000 万日元。2017 年，他们在位于横滨的工厂中增设了流水线。现在崎阳轩每天能卖出大约 24 000 个便当。

说起来，本来属于中华料理的烧卖能成为横滨名物，也是多亏了崎阳轩。当初崎阳轩为了增加销售额，打算在店里出售横滨名物，"但横滨是幕末开港后才发展起来的城市，历史底蕴没那么深厚，所以根本没有称得上是名物的东西。"野并社长说道。于是，崎阳轩决定自己打造横滨名物。当时他们看上的就是中华街（当时的南京街）上两三家中华料理店里销售的烧卖。

崎阳轩在销售方式上也花了很多心思。为了让在"二战"中受损的横滨恢复到以前的样子，崎阳轩从 1950 年开始启用被称为"烧卖女孩"的女性销售员。穿着统一制服的"烧卖女孩"在横滨站的大厅里销售便当的样子，马上引起了人们的注意。作家狮子文六先生在《每日新闻》上连载的小说《Yassamossa》（やっさもっさ）中也出现了烧卖女孩。这篇小说在第二年被改编成了电影。靠着电影的热度，崎阳轩的烧卖也打响了知名度，成为闻名全日本的横滨名物。

1955年的"烧卖女孩"

1. 设计有意思的活动，让粉丝参与其中。

　　烧卖便当会在某些时期推出特别设计的包装纸。比如，每年举办"横滨开港祭"时，崎阳轩都会推出特制的包装纸。他们只会给在神奈川地区销售的便当替换包装纸，目的就是烘托活动的氛围。另外，在 2014 年烧卖便当上市 60 周年时，崎阳轩推出了画着红色棉坎肩的"60 周年纪念特别包装纸便当"。

　　2017 年，崎阳轩在横滨工厂增加了便当的生产线。为了制造话题和扩大影响力，崎阳轩策划了好几款很有意思的期间限定产品。从同年 6 月 23 日开始的一个月，他们推出了分量是普通版 1.5 倍的超大份烧卖便当，还有分量比普通版少但品质更高的 MINI 高品质烧卖便当。崎阳轩还在网站上举办了一个叫"烧卖便当诊断"的活动，主要内容是让参与者回答几个问题，然后根据答案选出适合他们的特制烧卖便当。活动结束后，崎阳轩将其中两款反响比较强烈的便当制作出来，并于 9 月 23 日和 24 日在某些店铺销售。这两款便当分别是炖竹笋分量是普遍版 4 倍的梦幻竹笋烧卖便当，还有将炸鸡块和烧卖数量对调的忍法炸鸡块之术烧卖便当。"这几款特制便当很快就被一抢而空。普通的烧卖便当销量也有所上升。"柴田主任说。

❶ 分量是普通版1.5倍，有8个烧卖的超大份烧卖便当
❷ 以炖竹笋为中心，烧卖只有3个的梦幻竹笋烧卖便当

延续　想让产品长盛不衰需要做哪些事情？

1. 为了让便当保持原有的味道，坚持不改变容器。

　　烧卖便当有很多粉丝。2017 年，日本 Comic Market[①]（Comiket）上有人发表了一本名叫《图解食用方法 崎阳轩烧卖便当篇》的同人志，内容是名人们食用烧卖便当的顺序和方法。这件事在当时引起了一阵热议。说到烧卖便当受人喜爱的原因时，野并社长是这样回答的："因为烧卖便当是跟人们的美好回忆联系在一起的。很多人第一次吃烧卖便当是在去游乐园的路上。而居住在横滨的当地人，每到赏花、感谢会、黄金周或盂兰盆节这样需要庆祝的日子，都会选择崎阳轩的烧卖便当。"实际上，在天气好的休息日，烧卖便当确实比平常卖得好。

　　为了让便当一直保持原有的味道，从上市以来，崎阳轩一直使用一种用经木制作的便当盒。经木是天然透气的材料，它能吸收多余的蒸汽，即使直接放入热米饭，整体的风味也不会下降。"如果换成塑料便当盒，容器的成本就能降低到原来的 1/10~1/5。但为了让便当保持原有的味道，我们今后也不会改变容器。"野并社长说。"既然横滨没有名物，就自己创造一个"，这种挑战精神已经成了崎阳轩代代相传的传统。"我们正尝试创造符合横滨风格的新便当和点心。为了创造出能媲美烧卖便当的东西，我们今后也将不断挑战。"

---

① 　Comic Market：日本最大的同人志展会，主要以动画、漫画、游戏、小说、周边的自费出版物的贩卖和展示为主要运营形式。

❶《图解食用方法》共发行了 2 本
❷ 烧卖便当的便当盒。上盖用的是赤松，底板用的是鱼鳞云杉，仔细观察会发现木纹有微妙的差别。制作上盖和底板时采用了不同的切割方式，目的是让上盖更透气，让底板防止酱油渗漏

精工手表
Grand Seiko

为了将每个人都拥有的"时间"打造成产品，
深刻地认识到日本和世界的"精神"。

　　"幸福是无法用物质换取的"，现在已经到了这样的时代。随着经济的高速发展，我们大量地生产、购买和丢弃各种东西，甚至还发明了"用后即弃"这样的词……然而，我们必须像在黑暗中凝聚目光一样努力去确认，"让人感到幸福的物质"到底存不存在。这是为了日本的未来。

　　到目前为止，我采访过很多经典品牌和历史悠久的企业。我从他们那里看到了令人温暖的创造方式、销售模式，还有跟顾客打交道的方法。但这次采访 Grand Seiko 时，让我意识到了一个新的要素，那就是"精神"。2017 年，Grand Seiko 从精工手表分离出来，成为一个独立的品牌。这样做的目的是，不继续走根据客户需求为他们提供正确"时间"的道路，而是努力去追求和贯彻自己的风格。说得极端一点，要创造出极致的手表，就必须先把顾客抛到一边。这就是 Grand Seiko 给我的感觉。而对 Grand Seiko 来说，最本质最基础的东西，就是采访时市场统括总部的萩原康则先生经常挂在嘴边上的几个词——"精神""日本的良心"和"日本的人格"。精工的产品既是"提供正确时间"的手表，也是日本精密产品制造的代表。不过，精工除了在产品制造上钻研，还深刻地意识到了"日本的精神性"。日本人独特的感性价值，能看出好东西的眼光。用这种精神去创造产品，拿到产品的人也会被这种精神所感染。精工也一直在用"Master Shop"和"感谢日"等形式，细致地传播着这种精神。

消费者对这个品牌抱有一种憧憬。这并不是像潮流一样虚无缥缈的东西，而是将世界纳入视野后又努力推崇自己国家的创造精神，这种精神让消费者有共鸣。粉丝们对 Grand Seiko 的热爱，不光源于产品本身，精神上的共鸣也是非常重要的。

时间是对每个人都平等的，像空气一样重要的东西。如果对时间不够重视，它就会飞速地向前流逝。精工认为，要想将"时间"当作产品，就必须拥有精神上的高度。而让消费者跟自己推崇的精神产生共鸣，这种像神话一样的品牌塑造方式，精工却做到了。为了长久地延续下去，必须要重视精神层面。这就是 Grand Seiko 长盛不衰的秘密。

SINCE
1960

013
东京
TOKYO

精工手表
Grand Seiko

Grand Seiko 1881年，精工手表以服部钟表店的名义正式创立。Grand Seiko 诞生于1960年。当时，精工手表打算用长年积累下来的钟表制造技术，开发出世界最高级的手表。之后 Grand Seiko 一直是精工高级手表的代表产品。2017年，Grand Seiko 从精工手表独立出来。为了抛弃精工手表的固有印象，以 Grand Seiko 的名义成为世界一流的手表品牌，Grand Seiko 去掉了表盘上的"SEIKO" logo，在12点的位置加上了"GS/Grand Seiko"的字样。目前 Grand Seiko 的产品转换进行得非常顺畅，销售额也在不断增加

1. 崇尚机能美的设计。

　　Grand Seiko 诞生于 1960 年。当时开发这款产品的目的是，打造精确美观又容易看清时间的世界最高级手表。当这款世界级的手表完成时，精工就赋予了它 Grand Seiko 的名字。初代 Grand Seiko 表盘上 12 点的位置只有 "Grand Seiko" 的字样，并没有加上 "SEIKO" 的 logo。刚上市时，日本高级国家公务员的入职工资是 12 000 日元，而 Grand Seiko 的售价是 25 000 日元。由此可见，它从最开始走的就是高级手表的路线。

　　之后，Grand Seiko 作为精工手表的高级品牌不断进化。1964 年，它添加了日历功能，同时开发出了防水性能很强的机型。1967 年，目标是追求手表之美的 44GS 诞生了。"44GS 是创造了 Grand Seiko '设计准则' 的机型。" 精工手表市场统括总部的副部长兼市场二部部长萩原康则这样说道。比如，将 12 点的宽度设定成其他时刻的 2 倍，用这种方法来强调 12 点和 6 点之间的纵向线条，这样更容易看清时间。还有使用一种被称为 SALLAZ 的独特抛光技术，打造像镜面一样平滑而美丽的表盘。这些就是制造 44GS 时设定出的设计准则。同时，他们也确立了没有多余要素、不追求华美、崇尚机能美的设计理念，也就是所谓的 "精工风格（Seiko Style）"。

❶ 1960 年上市的初代 Grand Seiko
❷ 1967 年上市的 44GS

1. 不会把销售方面的问题全推给店铺。

　　目前，跟精工手表签订合同的正规销售店铺 Grand Seiko Master Shop 在日本约有 140 家。为了向来店顾客介绍各个产品的性能和 Grand Seiko 的独特魅力，店铺里的员工都会到精工接受特别培训。"我们每年会举办一次类似参观工厂这样的活动，推出新产品时也会在社内开办研讨会。让跟顾客直接接触的店员获得正确、详细的信息，也是身为制造商的职责。"萩原部长说。

　　Grand Seiko 也非常重视售后服务，它的零件保留期限都设定得比同公司其他产品长一些。另外，为了避免出现高额的修理费用，Grand Seiko 的每款机型都特意设计成了容易保养和维修的构造。

　　Grand Seiko 还会积极地跟购入手表的客户交流。他们开办了一个名叫 GS9 Club 的 Grand Seiko 用户俱乐部。从 2015 年以后，只要在 Grand Seiko Master Shop 购入 Grand Seiko 的产品，就能免费成为会员。精工手表会定期向会员邮寄 GS9 的会刊，还会请他们来参观工厂或参加各种活动。"现在 GS9 Club 约有 13 000 名会员。2017 年我们在虎之门大厦（Toranomon Hills）举办了为期 2 天的活动，当时大约有 700 名会员参加。"萩原部长说。

❶ 位于东京银座和光本馆 1 楼的
精工旗舰沙龙（Seiko Flagship Salon）
❷ 2017 年举办的"GS9 Club SALON 2017"活动。
当时请来了技师进行现场操作

1. 向全世界传播日本的美学意识。

　　Grand Seiko 于 2018 年 4 月 17~22 日参加了在意大利米兰举行的 "米兰设计周"。因为他们觉得精工这个品牌在国外已经得到普及，但 Grand Seiko 的魅力却没有被传达出去。担任广告宣传部副参事的铃木真佐江小姐说："向年青一代传达 Grand Seiko 的魅力，也是非常有必要的。我们在米兰设计周上的展出，宣传对象不只是手表爱好者，还有对设计和日本美学意识等感兴趣的人。"

　　"手表虽然是看时间的工具，但它的魅力却不仅限于功能。手表能衬托佩戴者，有时还能表现出佩戴者的人格。佩戴日本产的 Grand Seiko，会给人一种很真诚的感觉。为了传达手表的这些魅力，我们尝试了各种各样的宣传手段，到米兰参加展览也是其中的一环。"萩原部长这样说道。Grand Seiko 还在瑞士举办的手表饰品展览会巴塞尔世界（Basel World）上推出了新产品，并指派公司的设计师一同前去。"我们对世界的潮流有一定的了解。虽然有时会将流行纳入考虑范畴，但只是锦上添花的程度。基本上，我们还是会努力去做我们想做的东西。"

❶ Grand Seiko 在米兰设计周上发表的作品之一。
这是由 TAKT PROJECT 工作室设计的展览装置
❷ 用名为 SALLAZ 的抛光技术制造出平滑美丽的表盘

1. 不辜负顾客的制造方式。

2017 年，Grand Seiko 正式从精工品牌中独立出来。他们去掉了产品表盘上的 "SEIKO" logo，然后重新在 12 点的位置加上了 "GS/Grand Seiko" 的 logo。目前 Grand Seiko 的产品转换进行得非常顺畅，销售额也在不断增加。

品牌独立后，Grand Seiko 开始加强针对女性的宣传。他们增加了面向女性顾客的机型，在广告中也开始强调国产品牌的高品质。"以前购买者超过 90% 是男性。最近的比例则变成了 85% 男性、15% 女性。女性的比例稍微增加了一些。"萩原部长说。

Grand Seiko 长盛不衰的原因是，一直保持着不辜负顾客的制造方式。职人们抱着"各个方面都要做到尽善尽美"的想法，在每个步骤都毫不松懈，同时也有自信能创造出"比瑞士的高级手表更优秀"的产品。

2017 年，Grand Seiko 在虎之门大厦举办了 GS9 Club 的会员活动，规定每个会员可以携带一名同伴一起参加。"在活动中，我看到了会员们向同伴讲述 Grand Seiko 优点的场景。看到会员们自豪的样子，我也受到了感染。精确、美丽，方便看时间。为了得到顾客长久的珍视和喜爱，用起来也要顺手。今后我们也将继续制造这样的产品。"萩原部长说。

2018年在巴塞尔世界（Basel World）上推出的女士表机型

SINCE 1960

034
广岛
HIROSHIMA

Maruni Wood Industry

橡木框架椅

摄影：山中慎太郎

与严岛神社一起培育出的企业。

　　当我想对橡木框架椅这个产品进行深度挖掘时，我又一次来到了严岛神社。之前我策划过一个名叫 60VISION 的项目，目的是让企业保留那些可以被称为原点的产品。Maruni Wood Industry 也参与其中，每次与他们商量相关事宜时，我都会去严岛神社看一看。

　　Maruni Wood Industry 跟严岛神社之间似乎颇有渊源。他们从创业时就开始跟严岛神社打交道，神社内也收藏着很多件 Maruni Wood Industry 生产的家具。其中一件就是橡木框架椅的原型 MIYAJIMA（宫岛），直到现在它还被格外爱惜地使用着。为了看它，我坐了好几次船。所以对我来说，Maruni Wood Industry 就是宫岛，就是严岛神社。

　　当然，他们跟严岛神社之间并没有正式的关系，却好像受到了神明庇佑。作为珍惜与当地联系的广岛企业，Maruni Wood Industry 散发出一种独特的人情味，这让我十分着迷。

　　在销量不太理想的某一年，建筑家黑川雅之先生帮 Maruni Wood Industry 建立了一个名叫 nextmaruni PROJECT 的项目。

之后，其中一部分在深泽直人先生手中得到进化，成为 MARUNI COLLECTION。在做 60VISION 的项目时，我也从旧的产品目录中选出了 MIYAJIMA 这款产品，让它成为 MARUNI 60 的一员。这样一看，Maruni Wood Industry 似乎过于依赖外面的设计师了。刚开始我还为这件事担心，但后来意识到，Maruni Wood Industry 这个企业最大的特征就是高超的木工技术和独特的人情味。好的产品诞生时，他们能衷心地说出"这次的东西真不错"这样的话。看到新开张的销售店铺，他们也能坦率地提出建议"这个地方，是不是可以这样改进一下"。Maruni Wood Industry 那种不装腔作势的态度，拉近了他们跟销售店铺、设计师之间的距离，也转化成了面对媒体时的热情。于是，Maruni Wood Industry 这个品牌渐渐有了人格，消费者会将它当成贴近自己生活的企业，并珍惜地使用它的产品。

　　坚持贯彻"自己是制造物品的企业"这种身为制造商的意识，不受外物影响、不夸大其词的诚实态度，还有耿直地传达这种理念的人性，这些都是随着企业壮大容易被遗忘、被舍弃的东西。

Maruni Wood Industry
橡木框架椅

Maruni Wood Industry 却一直将它们当成必须保守的基本准则，
正是这一点让人们产生了共鸣。

　　很多长效设计，除了产品的完成度高，还能让消费者感受到
人的温度。而橡木框架椅这款产品，则让人感到了 Maruni Wood
Industry 对广岛的爱。他们像带我去自家玩一样介绍严岛神社的
样子，跟这把椅子紧密地联系到一起，给我留下了深刻的印象。

橡木框架椅　Maruni Wood Industry 在 1928 年用"昭和曲木工场"的名字创业，1933 年与沼田木工所合并，开始
以 Maruni Wood 的名义正式投入家具制造中。创始人坚持的理念是"工艺的工业化"。他想保留职人手工的工艺
美感，同时构建能作为工业制品量产的机制，于是率先引进了国外的技术和机械设施，在普及西洋家具方面做出
了很大的贡献。橡木框架椅是 1960 年诞生的客厅椅 MIYAJIMA 的复刻版。Maruni Wood Industry 参加了长冈贤
明先生创立的让企业回到原点的 60VISION 项目，复刻了原本已经停产的 MIYAJIMA，让它成为 MARUNI60 的第
一批产品。之后，他们还开发了跟橡木框架椅配套的桌子、置物架和搁板等新产品。现在，该系列的销售额每年
都会增长 10%~15%

1. 从"开发→停产"的循环中挣脱出来。

橡木框架椅的原型是 1960 年诞生的客厅椅 MIYAJIMA。Maruni Wood Industry 的创始人出生于广岛县的宫岛,而 MIYAJIMA 一体的扶手和椅子腿,就是以严岛神社的大鸟居为灵感设计出来的。Maruni Wood Industry 复刻 MIYAJIMA 的契机是参加 60VISION 这个项目。60VISION 的目的是让企业回到 1960 年代制造出优质产品的原点,然后长久地销售那些经典产品。

2004 年,Maruni Wood Industry 创立了 nextmaruni PROJECT(以下简称 nextmaruni)项目。他们启用了活跃在国际舞台上的设计师,创造出了以日本美学意为主题的椅子。这款产品在米兰家具展览会(Milan Furniture Fair)上也有展出。

MIYAJIMA 的复刻版保留了整体设计和构造,只在一些细节和材料上进行了改良。他们将支撑座面的橡胶改成了网状布料,木料也从唐木换成了橡木,坐垫里使用了羽毛。名称则更新成了现在的橡木框架椅。"创立 nextmaruni 这个项目前,我们一直深陷于'开发新产品后很快停产'的恶性循环中。通过 nextmaruni 、60VISION 和 MARUNI60 这些项目,我们又重新回到了创始人提出的'工艺的工业化'这个企业原点。"Maruni Wood Industry 的山中洋常务这样说道。

1970 年代产品目录上的 MIYAJIMA。
MIYAJIMA 是专门根据日本人体形和住宅样式设计的,它不但节省空间,还采用了女性也能轻松操作的散件组装(knock-down)形式。
它一直销售到 1977 年才停产

1. 不会随意增加合作店铺。

　　2006 年，橡木框架椅作为 MARUNI60 的第一批产品正式上市。接着，它马上参加了 60VISION 的新品展示会。很多已经开始销售 KARIMOKU 60 等 60VISION 系列产品的店铺买手都来到了现场，他们很快就跟 Maruni Wood Industry 洽谈起具体的合作模式。"通过这次展示会，我们跟以前没有接触过的小型家具店和买手店建立了联系，并成功地扩大了销路。"山中常务说。

　　目前跟 Maruni Wood Industry 合作的店铺大约有 50 家。虽然经常有店铺向他们询问合作事宜，但 Maruni Wood Industry 不打算随意增加销售店铺。"我们很重视从 MARUNI60 刚上市就开始支持我们的店铺。我觉得强化跟合作店铺之间的关系，对实际销售也会有一定的影响。"山中常务说。

　　在新品展示会上，还会举办面向合作店铺的讲习会。有时长冈贤明先生会亲自发表演讲，有时也会请 MARUNI60 销量好的店铺员工来传授经验。虽然新品展示会的主要目的是展示新产品，但它也渐渐成为店铺之间交换经验的场所。"这些店铺本来是竞争关系，但现场的气氛却特别和谐。"山中常务如此说道。这应该是因为店主们对长冈贤明先生提出的"支持长效设计"的理念产生了共鸣吧。"我觉得他们不是想在销量上超过彼此，而是想大家一起将 MARUNI60 这个品牌做大做好。"长冈贤明先生如此说道。

2016年的新品展示会上，长冈贤明和 minä perhonen 的皆川明一起举行了演讲

1. 与合作店铺一起努力销售。

　　制造商与店铺之间关系密切，是 MARUNI60 这个品牌的特征之一。"这些店铺很热爱我们的产品，而且一直在努力销售。正因为这样，他们有时也会提出一些直率刺耳的建议，比如改进产品和对新产品的需求等。我能看出，他们在提出建议的同时，也做好了拼尽全力努力去销售的觉悟。所以作为制造商，我想尽量去满足他们的要求。"山中常务说。创业 90 周年的限定产品 TATSUNO LEATHER 就是在这种一来一往的沟通中诞生的。TATSUNO LEATHER 是兵库县龙野市生产的皮革材料。这件产品诞生的契机是这样的——位于姬路市的合作店铺想振兴兵库县的皮革产业，于是向 Maruni Wood Industry 提出了用 TATSUNO LEATHER 制作橡木框架椅的请求。

　　2012 年上市的木之本貌（kinomama）系列，将木材制造商必须面对的木材瑕疵问题，转化成了产品的独特魅力。在加工过程中，一般碰到有疤、颜色不均和虫眼的木材，都会舍弃不用。但 Maruni Wood Industry 认为"这是树木生长的证明，是木材的本来面貌"，所以在木之本貌系列中直接启用了这些木材。"减少损耗本来是制造商这边的问题，但我认为有人会将这种独一无二的瑕疵视为木材的魅力点。消费者是在理解这种魅力的基础上购买的，所以从来没有人因为这件事向我们表示不满。"山中常务说。

❶ TATSUNO LEATHER 橡木框架椅
❷ 木之本貌（kinomama）系列产品中出现的颜色不均的情况。因为要特意向顾客传达这种瑕疵的魅力，所以只在一部分店铺销售

1. 回到"工艺的工业化"这个原点。

　　无论是 nextmaruni 还是 MARUNI60，对 Maruni Wood Industry 都是很大的挑战。因为它们是在销量急速下滑的背景下诞生的。Maruni Wood Industry 的巅峰时期是 1991 年，这一年他们的销售额约为 300 亿日元。之后业绩就开始慢慢下滑，最低时只有 1991 年的 1/10。当时 Maruni Wood Industry 既是制造商，又是经营各种产品的贸易公司。但"为了努力生存下去，我们决定放弃贸易公司这条路，重新变回单纯的制造商"，山中常务如此说道。nextmaruni 这个项目只持续了 3 年时间。之后，Maruni Wood Industry 将参与 nextmaruni 的设计师深泽直人聘为艺术总监，并在 2008 年创立了名为 MARUNI COLLECTION 的项目。这个项目中最早诞生的是 HIROSHIMA 系列。MARUNI COLLECTION 在日本以外的国家也很受欢迎，特别是 HIROSHIMA 的扶手椅，它被苹果公司看中并应用在新总部 Apple Park 中，而且数量高达几千把。

　　现在，Maruni Wood Industry 有两条大的产品线，一条是采用欧式装饰性设计的传统系列，另一条则是以 MARUNI COLLECTION 和 MARUNI60 等为代表的经典系列。"这两条产品线销售额的比率是 4∶6，经典系列要比传统系列高一些。MARUNI60 一直在扩充产品品类，现在每年的销售额都会增长 10%~15%。"山中常务说。

2018 年 2 月举行的新品展示会

SINCE
1922

026
京都
KYOTO

阿阇梨饼本铺 满月

阿阇梨饼

自己这代即为初代。

延续是开始的连续。

下着小雨的休息日。这次要采访的是以前就觉得"好像有什么内涵"，而且我自己也经常会买的阿阇梨饼。馅料那绝妙的甜味，加上包裹它的黏性外皮，日本似乎有很多跟它相似的甜品，但实际上一个也没有。我经常跟声乐家朋友一起到位于今出川的总店购买阿阇梨饼。我的这位朋友对阿阇梨饼也是相当着迷。除了比较正式的大盒装，阿阇梨饼还可以按小包装单独购买。这种体贴顾客的做法，也是它如此受欢迎的原因之一。

采访时负责接待我们的总务部的石栂笃志先生，给人的感觉非常好。刚产生这样的想法就发现，给我们端来茶水的女员工的处事方式也让人很舒服。接受采访的是西浦裕己社长本人。我们在这里体会到了一种家庭式的氛围，原本紧张的心情一下就放松下来。这个企业的产品、员工和社长给人的感觉都非常相似。

西浦裕己社长是 1993 年继承阿阇梨饼本铺的。面对我们的提问，西浦社长对答如流，而且答案也很简明清晰。当我们问到为什么一直不涨价时，他的回答是"没有涨价的理由"。比起对成功的渴望，他每天想得更多的是如何成为一个好的继承者。为了达成这个目标，当然要有相应的企业战略。

　　"如果不被当成选择的对象，就什么也做不了"，产生这样的想法后，阿阇梨饼本铺开始积极地参与各地的活动，还增加了快递配送的销售模式，并借此将销售范围扩张到了整个日本……在材料方面，他们秉承着"自己的产品要自己生产"的原则，主动拉近跟红豆生产者之间的关系。据说，在他们一直使用的丹波大纳言红豆产量不好的那年，阿阇梨饼本铺也没有勉强用其他品种，而是减少了点心的生产量。平时就很注重季节感的京都人，一定会支持阿阇梨饼本铺的这种做法。作为没有不自然之处的食物，阿阇梨饼也会吸引更多的粉丝。至少我是这么认为的。

　　现在，阿阇梨饼本铺销售的点心只有4种。其中跟公司名称有关的"满月"，只有在周六、周日和节假日才会在金阁寺店销售。有一段时间连这4种产品都无法维持，差点只剩下阿阇梨饼一种。他们这种在材料和生产上不勉强不糊弄的态度，都体现在了阿阇梨饼这个产品身上。

　　为了长久地延续下去而保持不勉强的态度。采访的最后，西

SINCE
1922

026
京都
KYOTO

阿阇梨饼本铺 满月
阿阇梨饼

浦社长谈到下一代如何继承的问题时，说了"自己这代即为初代"这句话。

意思是继承人必须将自己当成初代创始人，然后根据时代的变化来调整自己的做法。他的这段话给我留下了很深的印象。

这次采访让我再次意识到，长盛不衰的企业和品牌都在认真地思考着"延续"这件事。

阿阇梨饼 "阿阇梨饼本铺 满月"创立于江户时代末期的1856年。当时他们的屋号叫正进堂本铺。幕末的战乱开始后，阿阇梨饼本铺被疏散到了滋贺县。明治初年，他们重新在京都的出町柳开了一家点心铺。1900年，身为九条家用品承办商的阿阇梨饼本铺研发出了"满月"这款点心。以此为契机，他们将屋号也改成了"满月"。阿阇梨饼是大正时期的家主研发的，它正式上市的时间是1922年。后来因为战争，位于出町柳的阿阇梨饼本铺被强制疏散。战后，继承人将店铺迁到百万遍，阿阇梨饼本铺重新复活了。现在，"阿阇梨饼本铺 满月"销售的点心只有4种。而阿阇梨饼是占了9成销售额的主力产品

1. 坚持自己制作馅料，而且每种馅料只对应一种产品。

　　阿阇梨饼是一种饼皮包着红豆馅儿的半生点心。它名字中的"阿阇梨"其实是天台宗和真言宗的僧人等级。在比睿山进行一种非常严苛的修行——千日回峰行的僧侣，被人们尊称为阿阇梨大人。阿阇梨大人会到京都特定的寺庙或神社拜访，而当年位于出町柳的这家店就是前去的必经之路。进行千日回峰行时，阿阇梨大人会戴着一顶模仿半开莲花造型的桧笠——网代笠。因为当地的风俗习惯跟阿阇梨大人有关，于是他们就将新开发出的点心做成了网代笠的造型。上窄下宽的轮廓是网代笠的最大特征，而阿阇梨饼从侧面看也是这样的。"总店里挂着的名为'阿阇梨饼'的字画，是大阿阇梨·叶上照澄大师赠送的。这也是我们将它命名为阿阇梨饼的原因。"阿阇梨饼本铺的现任家主西浦先生如此说道。

　　现在，"阿阇梨饼本铺 满月"销售的点心共有 4 种。产品种类之所以这么少，是因为他们忠实地履行着"一种馅料只用在一种点心上"的基本方针。从生产到包装，所有工序都要在自家工厂完成。这 4 种馅料也必须分开制作。"馅料是点心铺的生命线，所以我们坚持自己制作。负责制作的是公司的点心师傅，而增加产品种类就意味着增加人手和设备，这不是一件很容易的事。"西浦社长说道。

❶"阿阇梨饼本铺 满月"原来的店名叫正进堂本铺。照片上是他们位于出町柳的店铺
❷ 用来装阿阇梨饼的盒子上，画着阿阇梨大人进行千日回峰行的样子

1. 让阿阇梨饼成为代表京都的特产。

被问到阿阇梨饼是如何变成日本知名点心时，西浦社长谦虚地答道"只是很多偶然因素叠加在一起"，但这里面确实是有销售战略的。1993 年，西浦社长从上一代那里继承了阿阇梨饼本铺，正式出任社长。为了让阿阇梨成为代表京都的特产，西浦社长上任后便开始积极地参加各地百货商店举办的活动。"打个比方，一个北海道人在京都吃过一次阿阇梨饼，就会把它当成京都的一个特产。我们对味道很有自信，所以要做的就是让更多人知道我们的产品。"西浦社长说。

1997 年，阿阇梨饼本铺在直通京都站的 JR 京都伊势丹（以下简称为京都伊势丹）开设了分店，这对阿阇梨饼成为京都特产起到了推波助澜的作用。"在京都伊势丹开设分店后，我们收到了很多来自全国各地的问询。位于京都市内其他百货商店中的分店，也开始有很多游客造访。"西浦社长说。在开设分店的同时，阿阇梨饼本铺也建立了快递配送的销售模式，而且配送范围遍布整个日本。另外，当时京都市也在致力于吸引游客，并达成了吸引 4 000 万人的目标。参加各地活动和在京都伊势丹开店，建立快递配送服务和游客的增加，这些都是提高阿阇梨饼知名度的因素。

阿阇梨饼内部是红豆馅料。饼皮是软糯的口感。
馅料全部自己生产，而且是专门为阿阇梨饼制作的。
价格为每个 108 日元 (含税，以下同)

1.绝不牺牲品质，只生产材料能生产的量。

阿阇梨饼的配方和馅料甜度，从上市起基本就没什么变动。但是却有常客说"感觉阿阇梨饼的馅料变甜了"。这是因为随着时代变化，减糖的点心越来越多，对比之下才有了这样的感觉。

"阿阇梨饼本铺 满月"在"二战"前生产和销售的点心种类很多，但战后因为人手、材料和资金都不充足，于是便开始专门生产阿阇梨饼。在战后近30年的时间里，就连屋号的来源"满月"这款产品都停产了。停产的原因是烹调白小豆馅料的过程过于烦琐。"搅拌次数多了少了、锅的温度高点低点都不行。用其他豆子制作起来非常简单，但味道会变。除了馅料，饼皮的制作工序也非常烦琐，所以很长一段时间我们只销售阿阇梨饼和京纳言这2款产品。"西浦社长说道。

他们再次销售"满月"是在距今25年前（1993年）。阿阇梨饼本铺与当初参与"满月"生产的职人一起将它复原出来。不过，馅料的制作依然很麻烦，整个复原过程花了1年半的时间。材料用的是稀少的高级白小豆，根本无法大量供应。所以，现在"满月"只有总店和金阁寺店在周六、周日和节假日限定销售。

❶ 屋号的来源"满月"（每个270日元）
❷ "二战"前，阿阇梨饼本铺销售的点心种类很多。
左边是"满月"，中间是阿阇梨饼

1. 不用做成功者，只要当好继承者就好了。

阿阇梨饼的馅料用的是一种名叫丹波大纳言的红豆。但是，丹波大纳言从5年前（2013年）就开始减产，这两年的产量更是到了低谷。为此，阿阇梨饼本铺将百货商店的铺货量减少了两成，还将周三定为直营店的定期休息日。"不让材料质量下降和尽量不涨价是我们的信条。无论如何，我们都不会更换材料中红豆的品种。"西浦社长说道。

西浦社长最重视的是身为点心老铺的信誉。所以他觉得自己"不用做成功者，只要当好继承者就好了"。他说："我没打算把公司壮大到什么地步。因为壮大的同时，也会有倒闭的风险。我的任务是从上一代手中继承这个已经创立162年的老铺，然后再努力传给下一代。"

西浦社长从上一代手中继承阿阇梨饼本铺后，销售额确实有所增长，公司的规模也扩大了很多。但是，西浦社长对于下一代继承人的嘱托却是"没必要被父辈的做法束缚"。"把自己当成初代创始人，去做自己想做的事就好了。如果想扩大公司规模，当然是有办法的。单纯维持现状，也要做出一定的努力。如果想缩小规模，就必须考虑好公司员工的出路。只要能保住铺子的名号，下一代完全可以按照自己的想法去做。"

百万遍总店的外观。
现在定休日是周三。店铺是2000年新建的

SINCE
1983

026
京都
KYOTO

欧姆龙

电子体温计 测温君

好的设计
是整个公司孕育出的果实。

这次采访让我再次意识到，设计不仅仅是外观，而且是所有相关人员抱着"创造出很棒的产品，然后让它一直销售下去"的想法，一起努力思考后创造出来的东西。这个过程简直像孕育果实一般。

最开始是公司的高层与设计部门的领导进行强力沟通。这种特殊的沟通方式为整个公司带来了设计的氛围。其他部门的人也因此产生了共鸣，将这种充满热情的设计氛围视为"自己公司的设计感"。发生这种变化之前，欧姆龙公司一直是技术部门领头的，员工们也认为设计只是包裹功能的外壳和外包装而已。但是在产生这种气氛以后，员工们渐渐开始重视产品设计，甚至还大胆地对以往的体温计进行革新。最后，这些努力在负责产品设计的柴田文江小姐手中结出了果实。

让这个设计长盛不衰的另一个因素是"销售的力量"。销售人员会经常跟店铺沟通，确保这款体温计一直摆在店头的位置。另外，通过增强设计意识，"顾客和店铺""销售""设计和策划"之间常有的隔阂渐渐消除，人们开始努力沟通、讨论。欧姆龙公司对测温秒数的追求，也是从这里开始的。这种做法让欧姆龙温度计超过了以前市场占有率第一的产品，成功拔得头筹。现在欧姆龙温度计只需要十几秒就能测出温度。这是各个部门间进行思想碰撞后，结出的追求秒数的果实。

在公司这个组织中打造出柔软的"设计体制"，使各部门间的想法及时沟通，然后由所有人一起孕育出秒数这个主题。这些思想具象化后形成的产品受到人们的喜爱，反过来又孕育出《为人着想的形式。》《让心灵前行的设计》这种让公司产生设计意识的概念书。在我看来，这款体温计的设计是所有员工努力思考后一起孕育出的果实。

这个设计在欧姆龙公司内部被誉为"教科书式的设计"。他们意识到，这不仅是欧姆龙自己的设计，还是社会上体温计的范本，所以会产生"要努力守护这个大家一起创造的成功经验"的想法。长盛不衰的秘诀既是整个公司都拥有的"设计意识"，也是超越部门之间隔阂努力沟通的热情。设计是像果实一样被公司孕育出来的东西。看着这款体温计，我产生了这样的想法。

欧姆龙
电子体温计 测温君

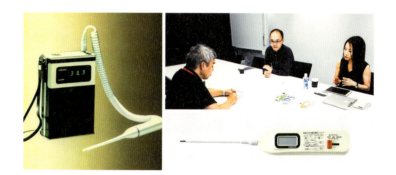

电子体温计 测温君 欧姆龙健康管理是欧姆龙旗下的健康、医疗器材制造商。他们开发了很多家用、医用器材和健康管理软件，如血压计、体重体脂仪、计步器、体温计、电动牙刷等。1972年，欧姆龙推出了面向医疗机构的电子温度计，从此开始了对温度计的研发和销售。之后，欧姆龙开发出家用的电子体温计，并于2004年推出了由柴田文江设计的预测型温度计"测温君"。这款产品一上市就大受欢迎，第一年便卖出了678 000支。后来，欧姆龙健康管理又趁机增加了电子体温计的品类。目前销售的产品中有8成都是柴田设计的。目前欧姆龙的电子体温计在日本的市场占有率排名第一。2017年，欧姆龙的电子体温计销量达到了490万支（包括女士体温计在内的销量总数）

创造 产品是怎样被创造出来的?

1. 站在用户角度设计出的产品。

1972 年，欧姆龙推出了面向医疗机构的电子体温计。1980 年，他们又推出了家用的电子体温计，但因为"1 支 9800 日元的价格有点高，所以销量并不是很理想"，欧姆龙健康管理国内事业部健康器材营业部的松本康树统括经理这样说道。之后，欧姆龙缩小了家用电子体温计的体积，将价格也降到了 2480 日元。测温君这个品牌的推出，在社会上掀起了一股热潮。而让欧姆龙在电子体温计这个领域站稳脚跟的，正是产品设计师柴田文江女士设计的预测型电子体温计。它的设计颠覆了之前电子体温计的概念，2004 年上市后马上就引发了话题。

之前的电子体温计在设计上都模仿了水银体温计。但柴田女士完全摒弃了这种想法，站在用户的角度从零开始思考，最后用代表温柔母亲的 "mother's love" 的概念设计出了测温君这款产品。欧姆龙产品事业统辖部设计沟通部的荻原刚设计总监说："除了外形的美感，连零件之间的连接方式和排线这种物理细节都进行了设计。金属模具的造型非常复杂，但开发小组的人都很赞同柴田小姐的设计理念，就努力制作出来了。"

❶ 测温君推出的第一款电子体温计 (1983 年)
❷ 柴田文江女士设计出的第一款电子体温计 (2004 年)

❶ ❷

1. 将卖点更好地展示出来。

　　欧姆龙的电子体温计目前在日本的市场占有率排第一。之所以能取得这种好成绩，其中一个因素就是脚踏实地的销售活动。"体温计的功能和外观当然很重要。但光是设计好，也不一定能卖出去。"松本经理说。据东部营业课的伊贺隆统括组长说："在药店和家电量贩店等小型店铺制造用户与产品接触的机会，是销售人员的工作。特别是冬季的感冒药区域，一定要保证铺货。为了让店铺给欧姆龙的电子体温计留出位置，销售人员从梅雨时期就要去跟店铺沟通。"

　　为了让正式的商谈进行得更顺利，销售部的员工平时也会努力与各个店铺建立联系。比如，当销售人员负责的店铺有活动时，他们会以讲师的身份参与，在店里向人们传达欧姆龙产品的特点、价值等各方面的信息。

　　欧姆龙电子体温计的包装是由销售部和设计部共同开发的。"在反复调查和验证的过程中，我们发现了几个让顾客产生购买欲的关键点。其中一个就是测温的秒数。所以后来设计包装时，我们将秒数作为卖点放在了最显眼的地方。"荻原总监说道。

"电子体温计 测温君"的包装。
15秒测温的铅笔形电子体温计的包装是药店专供的。
其他还有便利店专供和亚马逊专供等根据销售渠道专门设计的包装

1. 保留象征欧姆龙设计的元素。

　　欧姆龙的预测型电子体温计中，销量最好的是 15 秒测温的铅笔形体温计。排第二的是柴田设计的 20 秒测温的最新型电子体温计（第二代）。2004 年柴田设计的电子体温计，在 2013 年得到更新。整体设计保持原样，只是为了方便孩子拿取将尺寸缩小了一圈。前端是椭圆形的。这种能让人安心使用的形状被称为"平坦的感温部"，是欧姆龙公司自己设计的。它能够很好地贴合腋下，而且不容易滑动。这种形状沿用到了第二代。

　　本来为了缩短测温时间，接触皮肤的前端是越细越好的。虽然追求快速测温是电子体温计的一个趋势，但这样就无法保留圆润贴合的形状了。"更新这款产品时，有人提出将前端换成铅笔形那样能缩短测温时间的感温部。但是，每次进行市场调查时，都会发现一批喜欢柴田小姐设计的电子体温计的用户。很多销售人员也觉得它是欧姆龙电子体温计的象征，应该予以保留。于是我们就沿用了以前平坦的感温部，然后在这个基础上尽量缩短测温时间。"荻原总监说。

柴田文江设计的电子体温计的感温部，既保证了20秒的测温速度，也保留了舒适性很强的平坦形状

1. 设计不只是制造外形。

2003 年，欧姆龙将公司里唯一一个涉及 B to C 业务的健康管理事业部分离出去，成立了分公司。欧姆龙健康管理刚一成立，设计部部长和产品统辖部部长就开始着手开发新的体温计。他们请来设计师柴田文江，一起做出了前所未有的新型电子体温计。这种站在用户角度开发产品的成功经验，改变了整个公司对设计的看法。

"以前是技术方面完成后再进行设计，所以在形状和使用体验上都会有所限制。现在则是从技术开发阶段就让设计师参与讨论。这样大家可以一起从用户体验的角度考虑问题，然后依据这个来慢慢确定产品的样式。"欧姆龙健康管理的高级设计师三浪由纪子说。

站在用户角度进行设计是件很重要的事，为了将这个理念传达给公司内外的设计师们，2007 年欧姆龙以设计部为主体，推出了名为《为人着想的形式。》的概念书。今年，欧姆龙又更新了书中的某些内容，并将标题改成了《让心灵前行的设计》。

❶ 为了传达设计理念而推出的概念书《为人着想的形式。》和《让心灵前行的设计》
❷《让心灵前行的设计》的内页

后记

长盛不衰的产品中，
蕴含着人的温度。

2019 年 4 月到富山旅行时，我有幸跟日本民艺协会常任理事兼砺波民艺协会会长太田浩史先生聊了聊。我研究的虽然是长销产品和设计，但也很关心从数年前开始的，每过一段时间就在社会上掀起的民艺运动。于是，我就向太田浩史先生提了这样一个问题——民艺和其他东西有什么区别呢？他给出的回答是："民艺有寄宿在手工上的倾向。我觉得应该是这样的。"他用的说法并不是民艺是什么样的东西，而是有什么样的倾向。这句话真是沁人心脾。有寄宿的倾向……这种说法简直就像妖精寄宿在什么东西上一样。也就是说，民艺是有人的心念寄宿在上面的东西，而其他东西没有。这种区分民艺性的方式，让我想起了东京驹场日本民艺馆的商店中销售的柳宗理不锈钢碗。如果民艺是指所谓的"乡土色彩很强的民艺调"，那么不锈钢碗这种东西根本不应该出现在那里。这究竟是怎么回事呢？

　　柳宗理在挑战什么呢？我觉得他想表达的是"量产的东西中也可以有手工（人）的温度"。这种每到一定时期就会掀起的民艺热潮，总是引导我们关注"手工"的魅力，还有在"人"们健康生活的产地创造出来的东西。而且每次都能让设计业界关注到"长效设计"，让市场和销售领域关注到"长销产品"。这种热潮的意义在于，当社会沉浸在那种不经思考、只是以经济效率和便利性为优先的产品制造中时，它就会突然出现，让人们意识到有些东西是任何时代都不能忘却的原点。

　　一泽信三郎帆布不会为了想象中的目标人群来设计产品。也就是说，他们不会用营销手段将顾客概括为年收入 400 万日元、已经购房的 35 岁男性，而是面向具体的使用者，专门"为那个人而制作"。本田的"超级幼兽"也是为了减轻荞麦面店送餐工作的负担而诞生的产品。这些荞麦面店并不是本田公司想象出来的，而是实际存在于东京的店铺。这些企业都有"为人着想"的理念，而且在上面付出了大量的时间和精力。只有外形设计得好，其他方面没有吸引人的品质，是无法成为长销产品的。那些长销产品和品牌，会花大量时间与人建立联系，也会努力思考延续的事。说得极端一些，流于表面的设计其实是没什么用的。我越来越认为，这些长销产品所蕴含的各种理念，就是设计的意义所在。

今后，人类也会制造很多新的东西。经历了经济高速发展的日本人，应该会越来越呈现出"用完就扔"和"使用一生"的两极分化。像人一样诞生、被精心培养的物品，有一种健康的力量。如果能使用这样的东西，即便是量产品，也会对你的生活起到重要的作用。我跟撰稿人西山薰小姐一起去采访的途中，总会聊这样的话题。

蕴含人的温度的东西。带着这种意识制造出来的产品，拥有延续下去的潜质。

采访中的很多问题都是社长亲自回答的。这种形式感觉像是制造者在努力向消费者传递自己的体温一样。他们好像借着讲述产品的过程，再次确认了身为人、身为企业的健康状态，采访中一直充满着这种氛围。

作为一个想一直从事设计工作的人，我希望我们的生活中能出现更多体现"日本品质"的产品。对于那些在本书中登场的，一直在孕育长销产品和设计的人，我要道一声谢谢。真的非常感谢你们。

D&DEPARTMENT 总监
设计师

长冈贤明

刊载号一览

日经设计
2016 年 2 月号
味之明太子 | 福屋

日经设计
2016 年 3 月号
K 椅 | KARIMOKU 家具

日经设计
2016 年 4 月号
Campus 笔记本 | 国誉

日经设计
2016 年 6 月号
一泽信三郎帆布

日经设计
2016 年 7 月号
一保堂茶铺

日经设计
2016 年 8 月号
日本爱乐交响乐团

日经设计
2016 年 10 月号
可尔必思 | Asahi 饮料

日经设计
2016 年 11 月号
水户冈锐治 |
钝设计研究所

日经设计
2016 年 12 月号
金鸟螺旋蚊香 | 大日本除虫菊

日经设计
2017 年 3 月号
超级幼兽 | 本田技研工业

日经设计
2017 年 4 月号
无水锅 | HAL 无水

日经设计
2017 年 5 月号
养乐多 | 养乐多总公司

日经设计
2017 年 7 月号
鹤屋吉信

日经设计
2017 年 8 月号
龙角散 | 龙角散

本书中的一些内容是根据发表在《日经设计》和《日经 x Trend》上的文章删改和重新编辑而成的。产品价格、销售额和登场人物的职位等基本信息都没有更新，还是当初发表时的数据。
随着社会、经济形势的改变，有些信息可能会产生变化。请各位谅解。

日经设计
2017 年 10 月号
山田节子 | Twin ·
山田节子企划室

日经 x Trend
2018 年 6 月 13 日
Grand Seiko | 精工手表

日经设计
2017 年 11 月号
药用养命酒 | 养命酒制造

日经 x Trend
2018 年 6 月 29 日
橡木框架椅 | Maruni Wood Industry

日经设计
2017 年 12 月号
茶泡饭海苔 | 永谷园

日经 x Trend
2018 年 7 月 24 日
阿阇梨饼 | 阿阇梨饼本铺 满月

日经设计
2018 年 1 月号
TOWER 唱片

日经 x Trend
2018 年 8 月 29 日
电子体温计 测温君 | 欧姆龙

日经设计
2018 年 2 月号
黑胡子千钧一发 | TAKARA TOMY

新增内容
2019 年 4 月 25 日 采访
皆川明 | minä perhonen

日经设计
2018 年 4 月号
巧克力球 | 森永制果

新增内容
2019 年 4 月 16 日 采访
横川正纪 | DEAN & DELUCA

日经 x Trend
2018 年 4 月 13 日
烧卖便当 | 崎阳轩

图书在版编目（CIP）数据

成为经典：长销的秘密 / (日) 长冈贤明著；王宇
佳译. — 广州：广东人民出版社，2021.10
　ISBN 978-7-218-15131-1

　Ⅰ.①成… Ⅱ.①长… ②王… Ⅲ.①企业管理—销
售管理—经验—日本 Ⅳ.①F279.313.3

　中国版本图书馆CIP数据核字（2021）第125391号

TSUZUKU WO TSUKURU by Kenmei Nagaoka, Kaoru Nishiyama, Nikkei Design
Copyright © 2019 by Kenmei Nagaoka. All rights reserved.
Originally published in Japan by Nikkei Business Publications, Inc.
Simplified Chinese translation rights arranged with Nikkei Business Publications,
Inc. through Bardon-Chinese Media Agency.

著作权合同登记号 图字：19-2021-127 号

CHENGWEI JINGDIAN: CHANGXIAO DE MIMI

成为经典：长销的秘密

[日] 长冈贤明 著；王宇佳 译　　　　　　版权所有　翻印必究

出 版 人：肖风华

责任编辑：施　勇
装帧设计：加濑千宽　木　春
美术编辑：梁全新
特约编辑：邵嘉瑜

出　　版：广东人民出版社
地　　址：广州市新港西路204号2号楼（邮政编码：510300）
电　　话：(020) 85716809（总编室）
传　　真：(020) 85716872
网　　址：http://www.gdpph.com
发　　行：未读（天津）文化传媒有限公司
印　　刷：北京雅图新世纪印刷科技有限公司
开　　本：880毫米×1230毫米　1/32
印　　张：7.75　　字　数：120千
版　　次：2021年10月第1版
印　　次：2021年10月第1次印刷
定　　价：78.00元

关注未读好书

未读 CLUB
会员服务平台